BIBLIOTHÈQUE CHINOISE

Collection dirigée

par

ANNE CHENG

Professeur titulaire de la Chaire d'histoire intellectuelle de la Chine au Collège de France

MARC KALINOWSKI

Directeur d'études à l'École pratique des Hautes Études

STÉPHANE FEUILLAS

Professeur de littérature et philosophie chinoises classiques à l'Université Paris-Diderot

MEOU-TSEU

DIALOGUES POUR DISSIPER LA CONFUSION

牟子 理惑論

BIBLIOTHÈQUE CHINOISE

Collection dirigée par Anne Cheng, Marc Kalinowski et Stéphane Feuillas
Édition bilingue (texte et traduction)

Parus

YANG Xiong, *Maîtres mots*, traduction par Béatrice L'Haridon.

La Dispute sur le sel et le fer (Yantielun), traduction par Jean Levi.

Dix-neuf poèmes anciens, traduction par Jean-Pierre Diény.

SU Shi, *Les Commémorations*, traduction par Stéphane Feuillas.

WANG Chong, *Balance des discours. Destin, Providence et Divination*, traduction par Marc Kalinowski.

YI I, *Principes essentiels pour éduquer les jeunes gens (Kyŏngmong yogyŏl)*, traduction par Isabelle Sancho.

Écrits de Maître Wen (Wenzi), traduction par Jean Levi.

Écrits de Maître Guan (Guanzi), traduction par Romain Graziani.

ZHU Xi, LU Jiuyuan, *Une controverse lettrée*, traduction par Roger Darrobers et Guillaume Dutournier.

Livres de morale révélés par les dieux, traduction par Vincent Goossaert.

LU Jia, *Nouveaux discours*, traduction par Stéphane Feuillas et Béatrice L'Haridon.

FAXIAN, *Mémoire sur les pays bouddhiques* (*Foguo ji*), traduction par Jean-Pierre Drège.

ZHU Xi, *Mémoire scellé sur la situation de l'empire*, traduction par Roger Darrobers.

YANG Xuanzhi, *Mémoire sur les monastères bouddhiques de Luoyang*, traduction par Jean-Marie Lourme.

LIU Zhiji, *Traité de l'historien parfait (Shitong)* (dynastie Tang), traduction par Damien Chaussende.

FUJIWARA NO AKIHIRA, *Notes sur de nouveaux divertissements comiques*, traduction par Francine Hérail.

WANG Shifu, *Le Pavillon de l'Ouest (Xixiang ji)* (dynastie des Yuan), traduction par Rainier Lanselle.

Trois pièces du théâtre des Yuan, traduction par Isabella Falaschi.

DU Fu, *Poèmes de jeunesse, Œuvre poétique I*, traduction par Nicolas Chapuis.

Écrits de Maître Xun (Xunzi), traduction par Ivan Kamenarović.

Notes diverses sur la capitale de l'Ouest, traduction par Jacques Pimpaneau.

Le papier dans la Chine impériale : origines, fabrication, usages. Traduction de Jean-Pierre Drège, préface d'Erik Orsenna.

À paraître

NAKAE Chômin, *Écrits sur Rousseau*, (XIXe siècle), traduction d'Eddy Dufourmont et Jacques Joly.

BIBLIOTHÈQUE CHINOISE

MEOU-TSEU

DIALOGUES POUR DISSIPER LA CONFUSION

牟子 理惑論

Traduction, introduction et notes
par
Béatrice L'Haridon

PARIS
LES BELLES LETTRES
2017

La traduction de ce volume a été revue par Timothy H. Barrett et Anne Cheng.
Cet ouvrage a été mis en page par Rudy Nimsguerns.
Les éditeurs tiennent à remercier Marie-José D'Hoop pour son concours en vue de cette édition.

Ouvrage publié avec le soutien de l'Institut Universitaire de France et de l'Université Paris-Diderot-UFR LCAO

95 bd Raspail 75006 Paris
www.lesbelleslettres.com

ISBN : 978-2-251-44755-1

REMERCIEMENTS

Ce court ouvrage a nécessité une longue préparation, au cours de laquelle plusieurs institutions, ainsi que de nombreux collègues et amis, ont apporté une aide précieuse. Ce travail a en effet commencé au cours de l'été 2013, grâce à un séjour au Zhongguo Wenzhe yanjiusuo 中國文哲研究所 (Institute of Chinese Literature and Philosophy) de l'Academia Sinica, avec le soutien du Centre de recherche sur les civilisations de l'Asie orientale (CRCAO). Je remercie les professeurs Huang Kuan-min, Liu Yuan-ju et Zhou Daxing pour le chaleureux accueil et les enrichissants échanges en plein mois d'août. Les professeurs Teng Weijen et Chao Tung-ming m'ont permis de découvrir le Centre de recherche bouddhique de Fagushan 法鼓山 (Dharma Drum Buddhist College), et de rencontrer le maître Huimin 慧敏法師, brillante manifestation de la vivacité du bouddhisme chinois. Huang Ya-Hsien et Lin Xiqiang, alors post-doctorants à l'institut, sont devenus très vite des camarades de bureau idéaux, me permettant de retrouver à Taïwan la même propice convivialité qu'au « bureau Chine » du Collège de France. J'ai aussi bénéficié de la science bibliographique d'Alexis Lycas ainsi que des conseils de Frank Muyard et de son accueil au centre EFEO de Taipei. En m'invitant au cours de l'automne 2015 à venir présenter mes recherches sur ce texte à l'université de Californie (Berkeley), Michael Nylan m'a invitée à reprendre un travail qui s'essoufflait. Enfin, je remercie mes tout premiers lecteurs, Anne Cheng et Timothy Barrett, qui avec générosité et bienveillance m'ont permis de corriger et de compléter l'étude et la traduction présentées ici.

平津館刊

INTRODUCTION

Le *Meou-tseu*[1] se présente comme un texte écrit par un mystérieux « maître Meou » (Mouzi 牟子), à une époque où la grande dynastie des Han 漢 (202 av. J.-C.-220 ap. J.-C.) touche à sa fin. Si l'on en croit la préface autobiographique de ce texte, qui évoque de manière très précise le contexte historique, des événements survenus en 194 et en 195[2] déterminent Meou-tseu à se détourner complètement du service de l'État, traditionnelle vocation des lettrés, et à embrasser la « Voie du Bouddha » (*fo dao* 佛道). Ce cheminement inédit suscite critiques et questions, auxquelles il répond en composant un dialogue, présenté sous la forme d'une suite de trente-sept arguments adressés à des contemporains anonymes. N'était l'aspect très incomplet de la partie autobiographique, le texte dans son ensemble nous rappellerait certaines « biographies » (*zhuan* 傳) transmises dans le *Hanshu* 漢書, celles de Dongfang Shuo 東方朔 (154-93 av. J.-C.) ou de Yang Xiong 揚雄 (53 av. J.-C.-18 ap. J.-C.), qui rapportent, à la suite d'un moment critique de leur vie, un long texte de « défense » de l'*ethos* et des écrits du lettré en

1. Pour le nom de l'auteur et le titre éponyme de l'ouvrage qui lui est attribué, nous conserverons exceptionnellement la transcription de l'École française d'Extrême-Orient, qui est celle utilisée par Paul Pelliot.

2. Comme on le verra plus loin, le récit de ces événements permettrait de dater le texte, mais certains éléments présentés au cours de l'argumentation paraissant bien plus tardifs que la fin des Han, la question de la datation a été très débattue.

butte aux critiques ou aux railleries de ses contemporains[3]. Ici nous est rapporté un moment critique de la vie de Meou-tseu, que l'on pourrait désigner par le terme de conversion[4], et qui coïncide avec un moment historique tout aussi critique : l'ordre impérial tombe alors en ruines et la terre des Han se morcelle en régions secouées par les conflits. Ce texte d'une ère finissante est pourtant à bien des égards un texte « premier », illustrant le début d'une rencontre incomparable par sa profondeur et ses conséquences entre bouddhisme indien et civilisation chinoise. La rencontre dont ce texte témoigne s'incarne donc en un lettré converti, maître Meou, qui débat avec un ou des contemporains anonymes, hostiles à la doctrine bouddhique, nouvelle, étrange et étrangère, et peut-être plus encore au mode de vie et aux pratiques des adeptes de cette doctrine. Les trente-sept arguments présentés au cours de ce débat peuvent

3. La « réponse » de Dongfang Shuo, intitulée « Da ke nan » 答客難 (« Réponse aux objections soulevées par un hôte ») aurait pour origine une réelle controverse avec les académiciens de son époque, controverse qui se serait déroulée à la cour, en présence de l'empereur Wu 武帝 (*r.* 141-87 av. J.-C.). Elle est incluse dans sa biographie du *Hanshu* 漢書 (chap. 65). Yang Xiong composa quant à lui une réponse intitulée « Jie chao » 解嘲 (« Défense adressée aux railleurs »), qui est une défense, à la fois de son mode de vie retiré, à l'écart de la cour, et de la composition de son *Grand Mystère*, *Taixuan* 太玄, écrit sur le modèle du *Classique des Mutations*. À propos de ce genre littéraire, voir Dominik Declercq, *Writing Against the State : Political Rhetorics in Third and Fourth Century China*, Leyde-New York, Brill, 1998, p. 20-59. Il note que ces deux textes forment plus tard la matrice d'un genre, le *shelun* 設論 (débats « disposés » ou mis en scène).

4. L'usage de ce terme pourrait être discuté dans la mesure où les arguments de Meou-tseu ne visent pas à démontrer à son interlocuteur qu'il devrait abandonner une ancienne croyance pour se tourner vers la doctrine bouddhique, mais plutôt, à dégager la Voie bouddhique qui est alors jonchée d'obstacles, comme la confusion avec la Voie des immortels, ou encore l'idée d'une incompatibilité entre le mode de vie bouddhique et l'*ethos* lettré. Cependant, la mise en scène finale, où l'interlocuteur semble être brutalement saisi par la validité de cette Voie si bien défendue par Meou-tseu, me semble justifier l'usage de la notion de conversion, même si elle n'implique pas, bien au contraire, le rejet d'autres doctrines, puisque la caractérise notamment sa capacité à englober les autres Voies : voir les quatrième et quatorzième arguments.

être lus de manière autonome, même si l'on y discerne des regroupements thématiques, et répondent en général à des questions polémiques de l'interlocuteur, à l'exception des deux premiers et du vingt et unième arguments : ceux-ci sont en effet introduits par des questions didactiques, et proposent respectivement une biographie du Bouddha (probablement la première écrite en langue chinoise classique), une réflexion sur son nom, *Fo* 佛 (l'Éveillé)[5], et une présentation de l'origine du bouddhisme en Chine, à travers le fameux récit du rêve de l'empereur Ming 漢明帝 (*r*. 58-75). Les autres arguments du débat articulent des éléments de ce qui sera appelé plus tard les « trois doctrines » ou « trois enseignements » (*san jiao* 三教 : confucianisme, taoïsme et bouddhisme). Meou-tseu, en tissant un réseau de références aux textes fondateurs de la science lettrée, y défend non pas tant la vérité de l'enseignement bouddhique que son accord profond avec l'enseignement des Classiques et du *Laozi*, qu'il dépasse mais ne contredit pas. La marque générale des dialogues de ce texte est de s'intéresser à la question du mode de vie des adeptes, ou encore aux faits et gestes du Bouddha, plus qu'au contenu philosophique et religieux des textes, peut-être encore trop mal connu.

Les arguments développés par le *Meou-tseu* en faveur de la Voie bouddhique lui valurent de former plus tard le premier chapitre du *Hongmingji* 弘明集 (« Recueil pour diffuser et éclairer la Voie bouddhique ») de Sengyou 僧祐 (445-518)[6],

5. D'autres textes datant des débuts du bouddhisme en Chine utilisent pour désigner le Bouddha le terme de *Futu* 浮屠, qui est une transcription phonétique. Voir par exemple la biographie de Xiang Kai 襄楷 dans le *Hou Han shu* 後漢書 (*Histoire des Han orientaux*, abrégé par *HHS*), qui contient un précieux témoignage sur la présence du bouddhisme dans la région du Shandong au milieu du IIe siècle : *HHS juan* 31, p. 1075-1090.

6. Sengyou est aussi l'auteur du *Chu Sanzang jiji* 出三藏記集, qui inspira notamment les *Biographies des moines éminents* 高僧傳 de Huijiao 慧皎 (497-554). Sengyou fait partie d'un ordre, le *Jianchusi* 建初寺, dont le fondateur fut Kang Senghui 康僧會, originaire du Jiaozhi, que nous

une importante compilation de textes défendant et exposant le bouddhisme. Le *Meou-tseu* fut ensuite transmis sous cette forme éditoriale, jusqu'à la dynastie Qing 清 (1644-1911), lorsque Sun Xingyan 孫星衍 (1753-1818), probablement saisi par le caractère inclassable de ce texte, eut l'idée de l'extraire de la vénérable compilation de Sengyou et de le rééditer dans une collection de textes non bouddhiques intitulée *Pingjinguan congshu* 平津館叢書[7]. Selon les mots de son disciple Hong Yixuan 洪頤煊 (1765-1837), qui fut chargé d'examiner les problèmes liés à l'attribution du texte à un certain Mou Rong 牟融, « mon maître, Yuanru (l'un des prénoms de Sun Xingyan), ayant examiné ce texte, lui trouva une grande valeur en tant que document ancien de la transition entre les Han et les Wei, et l'édita donc de manière autonome, me chargeant d'examiner son origine[8] ».

L'histoire de ce texte connaît un nouveau rebondissement lorsque le sinologue français Paul Pelliot (1878-1945) lui consacre en 1920 une étude remarquablement complète et

---

rencontrerons à nouveau plus loin. Le *Chu Sanzang jiji* intègre à la fois les biographies de moines et de laïcs (*upāsaka*) alors que Huijiao accordera une moindre importance aux laïcs.

7. Cette collection de textes édités pour la plupart d'entre eux par Sun Xingyan lui-même comprend quarante-trois œuvres, très diverses. On y trouve ainsi le *Zhou shu Liu tao* 周書六韜 (un texte relatant des événements censés remonter au début des Zhou), des traités d'art militaire, des traités sur les rites de l'époque des Han, le *Mu Tianzi zhuan* 穆天子傳 (la biographie d'un souverain des Zhou), le *Sanfu huangtu* 三輔黃圖 (une description de la capitale des dynasties des Qin et des Han antérieurs) ou encore le *Shuowen jiezi* 說文解字 (le premier dictionnaire des caractères chinois).

8. Voir Zhou Shujia 周叔迦 et Zhou Shaoliang 周紹良, *Mouzi congcan xinbian* 牟子叢殘新編, Pékin, Zhongguo shuju, 2001, p. 74 : « 吾師淵如觀察，愛其為漢魏舊帙，錄出別行，屬頤煊考校其事. » Il continue ainsi : « C'est pourquoi j'ai présenté les tenants et les aboutissants [du problème posé par l'attribution du texte à Mou Rong] en introduction. J'ai conservé cependant le sous-titre "composé par Mou Rong, *taiwei* des Han", suivant ainsi l'information donnée par les bibliographies des dynasties Sui et Tang, en accord avec le principe de transmettre une information douteuse, en en soulignant le caractère douteux [plutôt que de la supprimer]. » 因識其始末於卷首, 仍題漢太尉牟融撰者, 因隋唐之舊, 亦疑以傳疑之意云爾.

fouillée, accompagnée d'une traduction intégrale et annotée[9]. Cette étude, rapidement connue dans le monde intellectuel chinois, conduit Zhou Shujia 周叔迦 (1899-1970) à proposer à son tour une édition autonome du *Meou-tseu*, le *Mouzi congcan* 牟子叢殘, qui reprend l'édition du *Pingjinguan* de Sun Xingyan et accompagne le texte de plusieurs études (dont la traduction en chinois d'une partie de l'article de Pelliot[10]). Ces études sont habitées par une interrogation si importante qu'elle tend à effacer les autres questions que nous pourrions nous poser au sujet de ce texte : ce texte « premier » l'est-il vraiment ? Autrement dit, quel est son degré d'authenticité ? A-t-il été réellement composé à la fin de la dynastie des Han orientaux ? La réponse à ces questions est d'autant plus débattue qu'elle conditionne en partie la représentation que nous nous faisons de l'arrivée du bouddhisme en Chine.

Le *Meou-tseu* n'est pas seulement déroutant en raison des questions d'authenticité qui se posent à son propos, il l'est aussi par sa nature hybride. À la différence des débats à la cour, confrontations raisonnées entre les « trois doctrines » qui furent régulièrement organisées à l'époque des dynasties du Nord et du Sud 南北朝 (420-589) et des Sui 隋 (589-618)

---

9. Cf. « Meou-tseu ou les doutes levés », *T'oung Pao*, n° 13, septembre 1920. Paul Pelliot ayant passé plusieurs années au début de sa carrière à Hanoï, où il fut professeur de chinois entre 1901 et 1911, et directeur de l'École française d'Extrême-Orient (EFEO) – qui était à l'origine une mission archéologique procédant à l'inventaire du patrimoine indochinois avant de devenir l'EFEO en 1900 – entre 1909 et 1911, j'ai cherché à savoir si cet ancrage géographique n'avait pas favorisé sa redécouverte du *Meou-tseu*, qui est considéré de l'autre côté de la frontière comme un texte fondateur du bouddhisme vietnamien. J'ai donc consulté sa correspondance des années 1910 à 1920, conservée dans les archives du musée Guimet, sans malheureusement parvenir à trouver aucun indice qui pourrait confirmer cette hypothèse. Je remercie la bibliothèque du musée Guimet, et notamment sa conservatrice Mme Cristina Cramerotti, pour m'avoir permis de consulter ses archives.

10. Sur le rôle initiateur joué par l'étude de Paul Pelliot, voir Zhou Shujia et Zhou Shaoliang, *Mouzi congcan xinbian*, *op. cit*, introduction.

et connurent leur apogée sous les Tang 唐 (618-907)[11], ce texte met en scène une confrontation, non pas entre les représentants de différentes doctrines, mais entre un lettré converti et un (ou des) lettré(s) hostile(s) au bouddhisme. Cette forme du débat ne doit pas nous aveugler sur le fait que non seulement l'argumentation, mais aussi l'*ethos* même du personnage principal, Meou-tseu, sont nourris par la tradition confucéenne et classique ainsi que par le *Laozi* 老子. On sait les hommes des Han férus d'hybrides, particulièrement dans le monde animal[12]. Ici, Meou-tseu procède à la fois à une hybridation et à une discrimination : hybridation d'une part entre un bouddhisme encore très mal connu et un fond commun nourri par la tradition classique, les textes confucéens et le *Laozi*, et discrimination d'autre part entre la Voie du Bouddha et celle des chercheurs d'immortalité[13], voie trompeuse dénoncée par Meou-tseu mais malgré tout largement répandue en son temps. Si Meou-tseu prend pour cible privilégiée la Voie des immortels, c'est qu'il existe un risque sérieux de confusion entre la recherche de l'éveil prônée par le bouddhisme et les techniques d'immortalité, dans un contexte, sur le plan doctrinal, de méconnaissance des textes bouddhiques, et sur le plan sociopolitique de désordre propice à la fuite hors du monde, qui est proposée par les deux courants, bien que sous des modalités différentes. On ne peut donc embrasser la nature de ce texte sous la seule catégorie du syncrétisme.

---

11. Voir Mary M. Garrett, « The 'Three Doctrines Discussions' of Tang China: Religious Debate as a Rhetorical Strategy », *Argumentation & Advocacy*, vol. XXX, n° 3, hiver 1994, p. 150-161.

12. Voir Danielle Elisseeff, *Hybrides chinois : la quête de tous les possibles*, Paris, Hazan-Musée du Louvre Éditions, 2011.

13. La recherche de l'immortalité physique était présente dans de nombreux cultes impériaux, et informait en grande partie les pratiques funéraires des puissants à l'époque des Han. Il semble qu'à cette même époque, cette recherche, d'abord confinée aux clans impériaux et aristocratiques, se soit largement répandue dans le milieu des lettrés, suscitant les critiques sévères d'auteurs comme Yang Xiong (53 av. J.-C.-18 ap. J.-C.) ou Wang Chong 王充 (27-*c.* 97).

Le débat et la narration

Il semble ne faire aucun doute que notre texte appartient au genre du *lun* 論 (dialogue ou débat)[14] : ce terme apparaît d'ailleurs dans le titre complet qui lui est souvent donné, *Mouzi. Li huo lun* (*Maître Meou. Dialogues pour dissiper la confusion*) et reflète bien la tonalité le plus souvent polémique des trente-sept arguments. Il présente cependant une dimension narrative qui dépasse ce que l'on pourrait appeler le paratexte, auquel on la confine souvent, à savoir l'introduction biographique et la très brève conclusion racontant comment l'interlocuteur se trouve persuadé, et converti, par les arguments de Meou-tseu. Si l'on examine de plus près les différents titres qui furent donnés à ce texte au cours de son histoire parfois rocambolesque, la question peut même se poser de savoir s'il s'agit bien d'un débat précédé d'une introduction et suivi d'une conclusion,

14. Sur le *lun* en tant que genre, voir David Schaberg, « Prose and Authority 100-300CE », dans Michael Loewe et Michael Nylan (dir.), *China's Early Empires: A Re-Appraisal*, Cambridge, Cambridge University Press, 2010, p. 505-516. Selon lui, l'écriture de textes sous la forme de débats a connu un fort développement au cours des dernières décennies de la dynastie des Han (p. 506). Des débats dont le texte nous a été transmis, David Schaberg observe qu'ils sont écrits dans un style direct et impersonnel, et visent à critiquer les erreurs et les confusions entretenues en leur temps, usant à cet effet des ressources trouvées non seulement dans les Classiques, mais aussi dans bien d'autres traditions intellectuelles : « To judge from extant texts and known titles, the final decades of the Han saw a sudden boom in the writing of discourses. [...] Wang Chong's successors clearly saw the *lun* as he had, as a tool for correcting widely held opinions and producing authoritative judgments for use in governing. [...] The key distinction that emerges in this period is thus the new reading of *lun* as a token of personality, and in particular of the personality of the worthy thinker, often estranged in one way or another from court, who concentrates in his prose style the intellectual qualities that would make him a valuable addition to retinue or court. » (p. 506-508). Si le *Meou-tseu* se développe en dehors de cet horizon du gouvernement, ces remarques de Schaberg sur le développement du *lun* en tant que genre littéraire s'appliquent bien à notre texte.

ou bien s'il s'agit plutôt d'une « relation » (*zhuan* 傳)[15], genre qui se rapproche de la biographie. En effet, le *Hongmingji* n'utilise pas le terme de *lun* mais lui donne le titre de *Mouzi li huo* (*Comment Meou-tseu dissipa la confusion*), titre annoncé à la fin de l'introduction biographique et qui s'applique à proprement parler à la partie centrale du texte. Mais le compilateur mentionne l'existence d'un autre titre : « Certains parlent de la "Biographie de Mou Zibo, administrateur de Cangwu". » (一云蒼梧太守牟子博傳). Ce second titre a été d'emblée déconsidéré, avec raison, pour ses points douteux : la fonction d'administrateur de Cangwu attribuée à un homme qui se présente comme un lettré retiré, et le prénom mentionné, Zibo, qui ressemble plus à un prénom social (*zi* 字) qu'à un prénom personnel (*ming* 名)[16]. Ce titre contient pourtant un terme jamais discuté car il ne soulève aucun problème d'ordre historique, mais qui nous intéresse particulièrement : celui de *zhuan*, souvent traduit faute de mieux par « biographie ». Yu Jiaxi 余嘉錫 (1884-1955) semble être le seul à remarquer que dans ce titre, le terme de *zhuan* s'applique au texte *dans son entier*[17]. Il faut cependant garder à l'esprit qu'il s'agit au sens propre d'une « transmission », c'est-à-dire d'un genre littéraire voué à transmettre à la postérité non seulement les faits et gestes d'un personnage, en général sous la forme d'un

15. Un problème tout à fait similaire se pose quant au *Mémoire sur les pays bouddhiques* 佛國記 de Faxian 法顯 (*c.* 340-*c.* 420) où, selon les mots de Jean-Pierre Drège, « nous avons affaire à la fois à une relation de voyage et à une biographie, même si la biographie elle-même y occupe une place particulièrement réduite. Est-ce parce que le texte comporta jadis une part biographique plus substantielle qui aurait disparu ? ». Voir Jean-Pierre Drège (trad.), *Faxian, Mémoire sur les pays bouddhiques*, Paris, Les Belles Lettres, 2013, p. XVII-XVIII.

16. Il pourrait s'agir aussi d'une confusion graphique, *zhuan* 傳 aurait été écrit *bo* 博 par erreur, puis dupliqué.

17. Il se réfère notamment au commentaire du *Shishuo xinyu* 世說新語 (chap. « Wenxue » 文學) par Liu Xiaobiao 劉孝標 (462-521), où celui-ci cite à deux reprises le vingt et unième argument en se référant au *Mouzi zhuan ji* 牟子傳記 puis au *Mou zhuan* 牟傳. Voir *Mouzi congcan*, *op. cit.*, p. 134.

récit chronologique, mais aussi à transmettre ses écrits – tout ou partie – et ses dires les plus mémorables. Si le reste du titre est douteux, ce terme de *zhuan* semble bien approprié pour rendre compte de ce texte dans son unité, malgré l'existence de trois parties distinctes : le récit des événements qui menèrent Meou-tseu vers le Bouddha et vers l'écriture d'un débat à ce propos, le texte du débat, organisé en trente-sept arguments, et enfin une brève conclusion décrivant une sorte d'éveil chez l'interlocuteur. Il est assez naturel pourtant que le premier titre *Mouzi li huo* (suivi parfois du terme *lun* 論) se soit imposé. La partie narrative du texte est en effet largement inféodée au débat qui est rapporté : tout d'abord, elle commence de manière assez abrupte en décrivant la formation intellectuelle de Meou-tseu et ne répond pas en cela aux exigences traditionnelles du genre du *zhuan*, qui devrait commencer par la notation précise du nom et des origines géographique et familiale du personnage. Le père notamment est inexistant, à la différence de la mère[18] qui joue par deux fois un rôle déterminant dans la vie de Meou-tseu et dans son éloignement vis-à-vis des affaires du monde. Le récit s'organise de manière à décrire ce qui a pu mener Meou-tseu à l'écriture de débats l'opposant à ses contemporains. Si le début est abrupt, la fin ne l'est pas moins, puisque le récit se termine presque immédiatement après le dernier argument, en mettant en scène la conversion de l'interlocuteur anonyme. On ne sait donc rien de ce qui est advenu de maître Meou par la suite. Il ne réapparaît plus, ce qui en un sens est cohérent avec le récit des circonstances qui le menèrent à choisir le retrait, et une forme de silence. Cette question est d'importance, car elle conditionne la manière

18. Meou-tseu (*Mâu-Tử*) est considéré au Vietnam comme une figure fondatrice du bouddhisme vietnamien, dont le *Li huo lun* (*Lý-hoặc-luận*) est révélateur de la vivacité de cette doctrine dans la région. Une position assez anachronique mais significative qui est défendue de l'autre côté de la frontière sino-vietnamienne prétend que Meou-tseu était de père chinois et de mère vietnamienne.

dont nous lisons le texte : lisons-nous la controverse précédée d'une préface (on désigne cette première partie comme un *xu* 序 à partir du moment où l'on choisit le premier titre proposé par le *Hongmingji*, *Mouzi li huo*), ou bien la « biographie » d'un lettré qui s'est tourné vers le bouddhisme, le texte faisant alors un tout, et transmettant une part de sa vie ainsi que son texte, ou l'un de ses textes, considéré comme déterminant et digne d'être transmis ?

En traduisant le titre par l'élégante formule « Meou-tseu ou les doutes levés », Paul Pelliot faisait quant à lui le choix d'une lecture de ce texte comme un « petit traité apologétique[19] ». Or, le terme de « doute » comme celui d'« apologétique » ne permettent pas de saisir de manière suffisamment large les enjeux de ce texte. Une partie des arguments présentés consiste bien sûr à défendre la Voie du Bouddha des attaques dont elle peut faire l'objet, mais la méthode adoptée n'est pas tant d'affirmer l'ultime vérité de cette Voie, que d'écarter les confusions (*huo* 惑) commises par ses contempteurs, confusions qui affectent non seulement la compréhension du bouddhisme mais aussi celle du corpus des Classiques confucéens. Ainsi, l'ultime argument s'attaque-t-il encore, en se fondant sur les Classiques, aux pratiques et aux croyances liées aux immortels, ce qui fait de ce thème l'une des principales confusions auxquelles se confronte Meou-tseu. Dès lors, la traduction par « doute », suivie par la traduction anglaise de John P. Keenan[20], nous mène sur une piste trop éloignée de l'objet principal de ce texte. Si l'on comprend, à la suite de Yu Jiaxi, *li* 理 comme *zhi* 治 (caractère modifié suite à un tabou), le titre fait allusion à un soin d'ordre presque médical de la confusion. Le verbe *li* met plutôt l'accent sur l'idée de dégager, de voir clair, de distinguer au sein de cette

19. « Meou-tseu ou les doutes levés », *T'oung Pao*, nº 13, septembre 1920, p. 257.

20. Voir John P. Keenan, *How Master Mou Removes Our Doubts: A Reader-Response Study and Translation of the* Mou-tzu Li-huo lun, Albany, State University of New York Press, 1994.

confusion. J'ai tenté de rendre cette idée, ainsi que l'aspect performatif du dialogue mis en scène en traduisant le titre par « Dialogues de Meou-tseu pour dissiper la confusion ».

Cette inscription du *Meou-tseu* dans le genre du débat, qui a déjà une riche histoire dans la Chine des Han, vient en partie contredire l'argument littéraire avancé par Erik Zürcher contre l'authenticité du *Meou-tseu* : « La nature même du texte, avec son argumentation systématique et extrêmement élaborée – que l'on ne retrouve que bien plus tard dans d'autres textes représentatifs de ce genre – conduit à reporter sa date de composition au IVe siècle ou au début du Ve siècle[21]. » Je reviendrai plus loin sur les débats à propos de l'authenticité du Meou-tseu, mais je soulignerai dans un premier temps que ce type d'argument se fonde sur un examen trop exclusif du corpus défini comme bouddhiste, alors que les textes de défense du bouddhisme ne sont pas étanches aux procédés littéraires des autres « écoles ». Tel est le principal objet de cette étude introductive, et de cette retraduction, qui ne vise pas seulement à « moderniser » la traduction de Paul Pelliot, qui n'a d'ailleurs que peu vieilli et dont l'appareil critique est aussi riche que rigoureux, mais qui vise plutôt à mettre en exergue la rhétorique propre au texte, à le situer dans la continuité de la tradition rhétorique classique plutôt qu'à l'envisager exclusivement du point de vue de l'histoire du bouddhisme en Chine.

Maître Meou : la création d'un personnage

Si l'existence réelle de maître Meou n'est pas attestée, la partie autobiographique de son texte, ainsi que certains éléments apparaissant au cours de la controverse, dressent un portrait

21. Voir Erik Zürcher, *The Buddhist Conquest of China: The Spread and Adaptation of Buddhism in Early Medieval China*, vol. I, Leyde, Brill, 1959, rééd. 1972, p. 14.

singulier : le personnage se présente d'emblée comme un lettré ayant à peu près tout lu, même les textes issus de traditions techniques qu'il dit ne goûter guère, comme l'art de la guerre et les techniques d'immortalité ou de longue vie. D'après l'une de ses réponses, il aurait même été à l'école de trois maîtres en immortalité (trente et unième argument). L'histoire semble d'un tragicomique un peu trop parfait pour simplement refléter une expérience vécue : de ses trois maîtres, l'un prétendait avoir sept cents ans, l'autre cinq cents, et le dernier, plus modeste, trois cents ans. Mais tous les trois furent balayés du monde des vivants en l'espace de trois années, et l'on conçoit que, malgré une curiosité intellectuelle sans limite, leur disciple Meou-tseu se soit détourné des techniques de longévité. Quant à sa maîtrise de la stratégie militaire, elle semble avoir été suffisamment reconnue pour encourager le gouverneur de la région à lui confier une mission délicate, nécessitant aussi bien des compétences rhétoriques que stratégiques. Ceci ne doit pas nous étonner outre mesure, car la stratégie militaire faisait souvent partie des compétences attendues d'un lettré. Cependant, Meou-tseu est avant tout versé dans l'étude des Classiques confucéens, qui fut sa vocation première, tout comme il manifeste son admiration pour le texte du *Laozi*[22], et puise nombre de ses exemples dans des textes historiques comme le *Zuozhuan* 左傳 ou le *Shiji* 史記. Cette large maîtrise des textes et des techniques du monde

22. Ce texte est désigné dans l'introduction par l'expression « Laozi wuqian wen » 老子五千文 (« Les cinq mille caractères de Laozi »). À la fin du texte en revanche, lorsqu'il révèle à son interlocuteur les raisons pour lesquelles son texte est construit en trente-sept arguments, il le désigne sous le titre de « Laoshi daojing » 老氏道經 (« Le Classique de la Voie de maître Lao »). Ce cheminement intellectuel, qui le mène d'une formation classique et confucéenne complète aux textes du *Laozi* et du *Zhuangzi*, puis enfin au bouddhisme, est très proche de celui d'un Huiyuan 慧遠 (334-416) par exemple, plus d'un siècle plus tard. Paul Demiéville parle à ce propos de « filière spirituelle typique » : voir « La Pénétration du bouddhisme dans la tradition philosophique chinoise », dans *Choix d'études bouddhiques (1929-1970)*, Leyde, Brill, 1973, p. 246.

chinois des Han ne l'empêche pas de s'intéresser à une doctrine venue de loin, le bouddhisme, que lui-même et son interlocuteur nomment la « Voie du Bouddha » (*Fo Dao* 佛道). Il semble même que Meou-tseu considère, sans trop s'encombrer de modestie, la vaste étendue de sa science comme l'une des conditions essentielles de sa compréhension du bouddhisme (voir le vingt-cinquième argument).

Une telle science devait assurément attirer sur sa personne l'attention des puissants, mais Meou-tseu manifeste à leur égard une réserve de circonstance qui évolue ensuite vers un refus définitif de servir. Cette évolution est l'un des thèmes principaux abordés dans la préface : il y décrit en effet avec minutie comment son éloignement des affaires du temps (dans lesquelles il n'a jamais été vraiment impliqué, mais a parfois manqué l'être) est le fruit non pas d'une décision, mais d'un processus mêlant occasions manquées, drame familial (le deuil de sa mère), convictions personnelles nourries par son goût pour le *Laozi* et circonstances historiques – processus qui trouvera son accomplissement lorsqu'il se tourne vers le bouddhisme, s'écartant alors définitivement du monde. Comme l'écrit Timothy H. Barrett, la fin des Han est marquée par l'émergence de groupes religieux dont les préoccupations sont profondément informées par la nécessité de reconstruire un ordre, en un temps où l'empire s'effondre[23]. Par contraste, Meou-tseu apparaît dans cette autobiographie comme un homme seul, ayant fait le choix personnel de se tourner vers le bouddhisme. Il ne se rattache apparemment à aucun groupe.

23. Voir Timothy H. Barrett, « Religious Change under Eastern Han and Its Successors », dans Michael Loewe et Michael Nylan (dir.), *China's Early Empires*, *op. cit.*, p. 431 : « So, rather than posit the emergence in late Eastern Han of "religious" groups that had "absorbed bureaucratic ideas", it might be preferable to think of groups whose approaches to the worlds visible and invisible were informed by a single desire to resolve problems of the collapse of empire perceived as affecting these two domains equally. »

Le contenu de ce récit autobiographique pose de nombreux problèmes aux yeux de ses interprètes. Tous s'accordent à lui reconnaître une certaine précision historique, en ce qu'il permet même de compléter le récit d'un événement rapporté dans l'histoire officielle des Han orientaux, le *Hou Han shu* 後漢書 de Fan Ye 范曄 (398-446). Au cours du récit qui précède le débat lui-même, Meou-tseu détaille en effet assez longuement les circonstances historiques et les raisons personnelles qui l'ont poussé à se tenir à distance, puis à se détourner complètement des affaires du monde pour embrasser le bouddhisme. Le soin particulier avec lequel est traité cet aspect de la conversion de Meou-tseu n'a pas été suffisamment analysé. Liang Qichao 梁啟超 (1873-1929) ou plus tard Erik Zürcher ont bien remarqué que Meou-tseu s'étendait avec force détails sur les diverses invitations qui lui furent faites par les puissants de son temps, mais n'y ont vu que l'effet d'une douteuse prétention[24], contradictoire avec l'effacement revendiqué par ailleurs au

24. Erik Zürcher y voit même un argument en faveur de sa thèse selon laquelle le *Meou-tseu* serait un faux, car on ne peut imaginer un véritable lettré Han bafouer ainsi les règles de la modestie présidant au genre autobiographique. Cet argument souffre cependant de deux *a priori* injustifiés : le premier, la légendaire modestie du lettré, à laquelle dérogerait Meou-tseu, ne s'illustre pas particulièrement dans le genre autobiographique de l'époque des Han. Les autobiographies fondatrices du genre, celles de Sima Qian 司馬遷 et de Yang Xiong 揚雄, sont des affirmations littéraires et personnelles extrêmement fortes, ces deux auteurs y comparant par exemple leurs œuvres respectives à celle de Confucius. Le second *a priori* consiste à penser que la carrière officielle est éminemment désirable à l'époque de Meou-tseu. Or, si celui-ci nous décrit avec un certain luxe de détails les fonctions qu'il a refusées, il semble que ce ne soit pas tant par gloriole que par l'inquiétude profonde que de telles propositions suscitaient en lui. Sans écarter une part de mise en scène, visant peut-être à se poser en authentique ermite, il apparaît dans cette description que ces propositions répétées qui lui sont faites par les puissants de son temps lui posent un vrai problème. La question de savoir si l'on doit occuper ou non une fonction n'est pas seulement une question mineure ou décorative, mais est au cœur de la réflexion philosophique, du moins dans la tradition confucéenne des Han.

cours du débat[25]. Or, la précision du récit des circonstances historiques et celle du récit, plus personnel, de la carrière avortée de Meou-tseu nous semblent relever d'un même projet, qui est de rendre compte d'un cheminement singulier vers le Bouddha, bien plus motivé par son expérience intellectuelle et politique que par son adhésion à une doctrine précisément définie. Le processus à l'issue duquel Meou-tseu se tourne vers le bouddhisme le rattache à la tradition riche et complexe de l'érémitisme. Dans un premier temps, la biographie montre avec insistance que Meou-tseu ne s'éloigne des affaires que sous la pression de certaines circonstances précises, notamment familiales ; il ne s'agit pas encore d'un choix mûrement réfléchi. Ce n'est que dans un second temps qu'il dépasse cet érémitisme contingent pour choisir un retrait définitif, et c'est alors qu'il se tourne vers « la Voie du Bouddha ». Le processus ainsi décrit a ceci de remarquable que la conversion au bouddhisme semble ne rien devoir à la doctrine elle-même, mais tout à un changement d'*ethos*, qui trouve sa forme, littéraire en tout cas, dans une tradition déjà bien établie[26]. Si certains – les principaux adversaires de Meou-tseu – ont d'emblée rapproché le bouddhisme avec le mode de vie des chercheurs d'immortalité, d'autres l'ont associé à l'érémitisme, l'éloignement du monde. À la suite de la biographie du Bouddha (premier argument), Meou-tseu décrit ainsi le style de vie des adeptes du bouddhisme, qu'ils soient moines ou laïcs, comme une forme de retrait loin des affaires du monde, qui n'a rien de fondamentalement différent des « rites anciens », qui enseignent à quel moment s'avancer

---

25. Cette « contradiction » est notamment dénoncée par Zhou Shujia : voir Zhou Shujia et Zhou Shaoliang, *Mouzi congcan xinbian*, *op. cit*, p. 28.

26. Deux ouvrages importants ont traité de la tradition érémitique et de ses traits spécifiques dans le contexte politique de la Chine impériale : voir Aat Vervoorn, *Men of the Cliffs and Caves: The Development of the Chinese Eremitic Tradition to the End of the Han Dynasty*, Hong Kong, Chinese University Press, 1990 ; Alan J. Berkowitz, *Patterns of Disengagement: The Practice and Portrayal of Reclusion in Early Medieval China*, Stanford (Californie), Stanford University Press, 2000.

ou se retirer – au sens propre et presque chorégraphique des mouvements dans l'espace rituel, mais aussi au sens plus large d'engagement ou non dans les affaires politiques du temps. Et, selon un procédé rhétorique constant dans la suite du texte, Meou-tseu ajoute que l'éloignement bouddhique est aussi en accord avec l'enseignement du *Laozi* :

> Leur prestance et leur tenue, leurs principes d'action ne diffèrent en rien des anciens rites. Jour et nuit, ils étudient la Voie et récitent les *Sūtra*, ne se mêlant pas des affaires du temps. Laozi l'a dit : « Leur vaste vertu englobe tout, et c'est ainsi qu'ils ne suivent que la Voie. » Ces mots s'appliquent bien ici[27].

L'écart, cultivé par un intérêt exclusif pour « la Voie », est paradoxalement le fruit d'un englobement, comme Meou-tseu le rappelle par ces mots du *Laozi*. Dans le corps du débat apparaissent en effet, parmi les éléments philosophiques qui semblent avoir déterminé l'intérêt de Meou-tseu pour la Voie bouddhique, la manière dont celle-ci englobe tous les êtres vivants :

> Comme le dit le commentaire, l'étoile polaire est au centre du ciel et au nord du monde des hommes. On voit par

27. Fin du premier argument. Dans la phrase précédente, Meou-tseu a d'abord pris soin de souligner que la différence fondamentale entre moines et laïcs tient dans deux pratiques : le jeûne (six jeûnes par mois pour les laïcs, jeûne quotidien pour les moines) et le respect des règles (*vinaya*, dont l'ensemble comportant deux cent cinquante règles n'est pas communiqué aux laïcs, qui n'observent pour leur part que cinq règles ou interdits). On pourrait penser que la phrase suivante, citée ici, ne porte que sur les moines. Il me semble cependant qu'elle concerne les deux types de mode de vie. La suite du débat va en effet fréquemment soulever le problème du mode de vie bouddhique, qui, sauf mention spécifique (portant par exemple sur le vêtement des moines, leur non-respect de certaines règles, etc.), ne concerne pas que les moines. Meou-tseu lui-même, qui est un laïc, a adopté un mode de vie érémitique, qui n'implique pas nécessairement dans le contexte chinois la vie dans une communauté religieuse.

> là que la terre des Han ne se trouve pas forcément au centre du ciel. Il est dit dans les *Sūtra* du Bouddha que de haut en bas et jusqu'aux confins du monde, tout être vivant tient du Bouddha. C'est ainsi que je me suis mis à vénérer et à étudier [cet enseignement][28].

L'universalité de l'enseignement bouddhique, sa vision d'un monde où tous les vivants partagent une nature commune, la nature du Bouddha, semblent ainsi avoir joué un rôle déterminant pour Meou-tseu. De manière significative, cette idée est amenée par une nouvelle vision du cosmos, illustrée dans une sentence apparemment extraite d'un commentaire aux Classiques[29] suggérant que le centre du ciel n'est pas le même que celui du monde des hommes, du moins celui qui est connu et reconnu dans le monde des Han. Le centre est déplacé et n'apparaît plus comme évident. L'enseignement bouddhique vient ajouter à ce décentrement un étirement du monde moral, en l'étendant à tous les êtres vivants.

Ces notes d'un cheminement personnel, qui apparaissent aussi bien dans la partie introductive que dans le corps du débat, cet aspect « autobiographique » pris dans un sens large, confèrent au texte un ton unique, qui pourrait constituer une preuve interne en faveur de l'authenticité, car un tel cheminement ferait difficilement sens dans le contexte historique des Six Dynasties (220-589), où d'une part la doctrine bouddhique est de mieux en mieux connue, et où d'autre part ce genre de la controverse est profondément transformé par la pratique des débats à la cour. En effet, alors que le débat dans le *Meou-tseu* est encore inscrit dans le genre de la relation biographique, il devient par la suite un genre à part entière, qui joua un rôle majeur, à la fois littéraire, religieux et politique au cours des dynasties suivantes, jusqu'à la dynastie des Tang où de tels débats

28. Quatorzième argument.
29. L'origine de cette citation reste obscure.

opposant les représentants des trois doctrines, confucéenne, taoïste et bouddhiste, furent régulièrement organisés à la cour, mais perdirent progressivement de leur substance[30].

La situation de l'empire est décrite dans cette préface autobiographique en des termes très sombres : c'est le chaos, auquel seule échappe la région de Jiaozhou 交州, à l'extrême sud, où vit Meou-tseu. Cette situation privilégiée attire une flopée de spécialistes de l'immortalité venus du nord, contre lesquels il doit donc batailler. Tout jeune, il s'est réfugié avec sa mère encore plus au sud, à Jiaozhi 交阯 (dans l'actuel Vietnam), puis est retourné à vingt-six ans dans son pays natal, Cangwu 蒼梧

30. Selon Mary M. Garrett (« The 'Three Doctrines Discussions' of Tang China », *art. cit.*), les débats devinrent de plus en plus formels à partir du milieu de la dynastie des Tang, jusqu'à ne plus avoir pour enjeu que la démonstration de virtuosité des débatteurs : ainsi, l'ultime débat organisé à la cour durant la onzième année de l'ère Xiantong (870) consista à démontrer, par la voix de Li Keji (李可及戲三教), que tous les grands sages, du confucianisme, du taoïsme aussi bien que du bouddhisme, étaient des femmes. Selon l'hypothèse de Garrett, une telle évolution fut en grande partie conditionnée par la transformation des notions et des pratiques de légitimité politique, qui progressivement cessèrent d'englober ce type de débats. En effet, ceux-ci étaient nécessaires dans un contexte de fragilité du pouvoir impérial, se reconstruisant très difficilement sur les ruines des Han, et mis au défi par la présence du bouddhisme, porteur d'une vision complètement neuve du rapport entre pouvoirs religieux et temporel. En effet, ils mettaient en scène un empereur à l'écoute des divers arguments des trois doctrines et régulant en dernier recours leurs relations en jouant le rôle du juge de ces débats. La tenue régulière de débats entre les trois doctrines permettait donc au pouvoir impérial d'affirmer périodiquement son autorité et son rôle d'arbitre. Avec la dynastie des Tang et l'unité durable qu'elle met en place, on peut penser pour compléter l'approche de Garrett que d'autres modes de légitimation retrouvent une nouvelle vie, notamment celle du patronage de l'étude des Classiques. Au cours du premier débat qui s'est tenu lors de la septième année de l'ère Wude (625), le confucianisme est notamment représenté par Lu Deming 陸德明 (*c.* 550-630) qui est l'auteur d'une œuvre de commentaire des Classiques, le *Jingdian shiwen* 經典釋文 ; au cours du débat organisé la douzième année de l'ère Zhenguan (638), le principal représentant du confucianisme est Kong Yingda 孔穎達 (574-648), qui mènera plus tard une nouvelle interprétation des Classiques. Mais contrairement aux débats précédents, le confucianisme ne sort pas vainqueur de la confrontation.

(actuelle ville de Wuzhou 梧州 dans le Guangdong), pour y prendre femme[31]. C'est semble-t-il à ce moment-là qu'il reçoit la proposition du gouverneur (*taishou*) de l'époque d'entrer à son service. Meou-tseu refuse, mais l'autre revient à la charge en lui proposant cette fois-ci une mission précise. Meou-tseu peut difficilement se dérober de nouveau et s'apprête donc à accepter quand il reçoit l'invitation du gouverneur de Jiaozhou à venir se réfugier auprès de lui comme lettré retiré. Il décline donc la proposition et se place probablement sous la protection de Zhu Fu 朱符[32]. Or, le frère cadet de son protecteur, qui occupait alors la fonction de gouverneur de Yuzhang 豫章, commanderie située dans une autre région, celle de Yangzhou 揚州, est assassiné par Zhai Rong 笮融, personnage peu recommandable mais qui, ironie de l'histoire, est l'un des premiers hommes de la dynastie des Han à « servir le Bouddha » (*shi fo* 事佛) d'après le témoignage du *Hou Han shu*. Le gouverneur, soucieux de venger son frère, veut alors à son tour confier une mission à Meou-tseu, malgré son statut de lettré retiré qui aurait dû lui épargner de tels soucis politiques. Meou-tseu accepte par manière de reconnaissance, mais il perd alors sa mère, et entre dans une période de deuil qui le conduit à refuser cette nouvelle mission. Contraint ou non par les circonstances, Meou-tseu a donc refusé trois fois d'entrer au service des autorités locales. Il décide ensuite de se retirer complètement, en se fondant sur le *Laozi*, et plus encore en se tournant vers le bouddhisme qui, peut-être en tant que doctrine encore largement étrangère, lui garantissait le désintérêt des puissants.

Cette préface est donc presque exclusivement consacrée aux événements qui conduisirent Meou-tseu à se détourner de la voie, certes de moins en moins royale en ces temps troublés, des lettrés, à savoir le service du gouvernement, par l'occupation d'un poste, l'engagement dans une mission,

31. Voir la carte, p. LXX-LXXI.
32. Sur l'identification de ce personnage, note 7, p. 3.

ou même le statut de lettré retiré protégé par un puissant qui pouvait ainsi faire la démonstration de son charisme vertueux. En revanche, elle ne nous apprend rien de la manière dont a pu se produire la rencontre de Meou-tseu avec l'enseignement bouddhique. Malgré la rareté des sources disponibles, quelques indices permettent de penser que la région où vécut Meou-tseu était particulièrement propice à cette rencontre.

Contexte géographique : la région de Jiaozhou 交州 */ Jiaozhi* 交趾 *(ancien royaume de Nanyue* 南越*)*

Le *Meou-tseu* est un texte ancré dans un contexte géographique mal connu, celui d'une région située à l'extrême sud de l'empire des Han, qui du fait de son éloignement et de la décadence du pouvoir impérial se trouve dans une situation d'autonomie effective, et, plus intéressant encore pour nous, fait figure de carrefour. Comme en témoigne l'introduction, elle accueille en effet nombre de personnalités originaires de régions plus centrales de l'empire des Han, et comprend une zone probablement moins sinisée, correspondant à l'actuel Vietnam, qui entretient des relations maritimes avec le sud de la péninsule, l'actuel Sri Lanka et l'Inde. Cette région est généralement désignée par le toponyme Jiaozhi 交趾 (parfois orthographié 交阯), qui devient Jiaozhou à la fin des Han[33]. Ce toponyme, qui signifierait « pieds croisés », ou « traces de pieds croisés », connaîtra une destinée assez complexe, jusqu'à donner en langue française, *via* les langues arabe et portugaise, l'appellation de Cochinchine[34].

33. Avant ce changement d'appellation, Jiaozhou désigne à la fois la région et l'une des commanderies composant cette région. Cf. la liste de ces commanderies, p. XXXIV.

34. Voir à ce propos le passionnant article de Léonard E. Aurousseau, « Sur le nom de Cochinchine », *Bulletin de l'École française d'Extrême-Orient*, vol. XXIV, nº 1, 1924, p. 563-579.

Sous les Han orientaux, la région de Jiaozhi se situe non seulement à la périphérie de l'empire, mais se caractérise selon les textes transmis par un mélange de civilisation et de barbarie. Son histoire nous est rappelée dans le *Hou Han shu* au chapitre portant sur les « barbares » Man 蠻 du Sud. Pour introduire la région particulière de Jiaozhi, l'historien nous rappelle d'abord l'origine de ce toponyme en citant le *Traité des Rites* (*Liji* 禮記) : « Ainsi qu'il est dit dans le *Traité des Rites*, "les barbares du Sud sont appelés Man, leurs joues sont tatouées et les traces de leurs pieds se croisent". Cela vient de ce que les hommes et les femmes font leurs ablutions dans les mêmes fleuves, on parle donc de leurs "traces de pieds croisées"[35]. » Selon une autre version, celle du *Fengsu tongyi* 風俗通義, ce sont princes et ministres qui font leurs ablutions dans les mêmes fleuves[36], croisant ainsi leurs pas, mais cette caractérisation porte sur l'ensemble des peuples Man du sud de la Chine. Cette absence de séparation entre hommes et femmes, ou entre princes et ministres, étant un marqueur de barbarie, celle-ci se trouve inscrite en quelque sorte dans le toponyme même par l'interprétation étymologique qui en est donnée[37]. Selon le *Hou Han shu*, à la veille de la dynastie des

---

35. *HHS*, *juan* 86, p. 2834 : 禮記稱「南方曰蠻，雕題交阯」。其俗男女同川而浴，故曰交阯.

36. Voir *Quan Hou Han wen* 全後漢文, *juan* 38 (Ying Shao 應劭, septième partie), dans Yan Kejun 嚴可均 (éd.), *Quan Shanggu Sandai Qin Han Sanguo Liuchao wen* 全上古三代秦漢三國六朝文, vol. I, Pékin, Zhonghua, 1995, p. 685 : 君臣同川而浴, 極為簡慢. 蠻者, 慢也.

37. Ce toponyme, orthographié 交阯 dans le *Hou Han shu* de Fan Ye, et 交趾 dans la plupart des autres sources, a fait l'objet de nombreuses autres interprétations : voir Chen Jinghe 陳荆和, « Jiaozhi mingcheng kao » 交趾名稱考, *Guoli Taiwan Daxue wenshizhe xuebao* 國立台灣大學文史哲學報, nº 4, 1952, p. 79-106. Ici, nous ne mentionnons que l'interprétation présente dans les sources chinoises les plus anciennes, en tant qu'indicateur de la vision que le « centre » entretenait sur une région périphérique particulièrement mal connue, sans présager évidemment de son exactitude. Pour sa part, à l'issue de son enquête très fouillée, Chen Jinghe considère que le toponyme Jiaozhi est probablement à l'origine la transcription phonétique d'un toponyme local, Keo. Selon Đào Duy Anh, *jiao* 交 renverrait à *jiao* 蛟, qui désigne les

Han orientaux, sous l'interrègne de Wang Mang 王莽 (9-25), la région est encore considérée comme extérieure à toute civilisation, bien qu'elle soit théoriquement sous administration impériale, et il nous est précisé qu'une double traduction est nécessaire pour communiquer avec la population locale. Seuls les criminels exilés dans cet Extrême-Sud apportent des rudiments de langue et de rites des Han. Ces représentations figées de la région font obstacle, aussi bien que l'éloignement du temps et la rareté des sources, à une vision plus complète de la situation, notamment religieuse et intellectuelle, du Jiaozhi.

Quelques éléments significatifs peuvent cependant être découverts dans les textes historiques[38], qui permettent de donner un aperçu de la situation géographique et politique de la région où Meou-tseu découvrit et défendit le bouddhisme.

Tout d'abord, comment le Jiaozhi, anciennement pays de Yue, fut-il rattaché à l'empire éphémère des Qin, puis au long empire des Han ? La conquête des pays de Yue par l'empire Qin fut difficile et relativement tardive : la première commanderie fut fondée en 221 av. J.-C. et la pacification de l'ensemble du territoire achevée en 214[39]. Il devint ainsi la région de Nanyue, divisée en trois commanderies (*jun* 郡) administrées par l'empire, Guilin 桂林, Nanhai 南海 (dont la capitale est Fanyu 番禺, proche de l'actuel Canton/Guangzhou,

crocodiles, ou plus exactement les crocodiles que les habitants de la région se tatouaient sur le corps, et le toponyme *Jiaozhi* (*zhi* étant orthographié 阯) signifierait donc « région des hommes-crocodiles ». Cf. Đào Duy Anh, *Nguồn Gốc Dân Tộc Việt Nam* (Les origines du peuple vietnamien), Hanoi, Thế Giới 1950, p.10-14 (réédité dans Đào Duy Anh, *Lịch sử Việt Nam* (Histoire du Vietnam), Hanoi, Văn Hoá Thông Tin, 2002, p.34-35). Je remercie Philippe Papin de m'avoir indiqué cette référence.

38. Sur l'histoire de la région de Jiaozhi à l'époque des Han occidentaux et orientaux, voir Rafe de Crespigny, *Generals of the South: The Foundation and Early History of the Three Kingdoms State of Wu*, Canberra, The Australian National University, 1990, chap. I, p. 25-37.

39. Wang Gungwu, *The Nanhai Trade: The Early History of Chinese Trade in the South China Sea*, Singapour, Time Academic Press, 1998, p. 9-10.

décrite dans les textes Han comme un territoire très riche et un carrefour commercial[40]) et Xiang 象 (qui correspond à l'actuel sud du Guangxi et à la région de Hanoï). Cet embryon d'administration impériale fut de courte durée, car à la faveur des troubles qui suivirent la chute de l'empire des Qin, la région se constitua en royaume indépendant : en 210, dès la mort du Premier Empereur, le commandant de la garnison dirigeant la commanderie de Nanhai, Ren Ao 任囂 († 208), puis son successeur Zhao Tuo 趙陀 (*c.* 240-137)[41], prirent leur autonomie. Zhao Tuo attaqua les commanderies voisines de Guilin et de Xiang et fonda le royaume de Nanyue 南越. Les sources historiques, notamment le récit de sa rencontre avec Lu Jia[42] 陸賈 (*c.* 250-*c.* 170), célèbre conseiller et rhéteur confucéen du début des Han, nous dépeignent un homme originaire de la plaine centrale, mais qui aurait pleinement adopté les coutumes locales. Zhao Tuo et ses descendants gardèrent le pouvoir pendant environ un siècle[43]. Cette dynastie exerça une puissance assez considérable, cherchant même à rivaliser avec la puissance des Han, comme le montrent la richesse et la symbolique du tombeau du petit-fils et successeur de Zhao Tuo, Zhao Mo 趙眜 (*r.* 137-122)[44].

---

40. *Shiji*, *juan* 129 et *Hanshu*, *juan* 28B.

41. Zhao Tuo dirigeait à l'origine l'un des districts de la commanderie de Nanhai, le district de Longchuan 龍川縣.

42. On trouve ce récit dans la biographie de Lu Jia : voir *Shiji*, *juan* 97 et *Hanshu*, *juan* 43. Pour une traduction en français, voir Stéphane Feuillas et Béatrice L'Haridon (trad.), *Lu Jia Xinyu, Nouveaux discours*, Paris, Les Belles Lettres, 2012, p. 101-113.

43. *Hanshu*, *juan* 28B, p. 1670 : 漢興，復立搖為越王。是時，秦南海尉趙佗亦自王，傳國至武帝時，盡滅以為郡云. Voir également *juan* 95, p. 3847. *HHS*, *juan* 86, p. 2835 et suiv.

44. Ce tombeau découvert à Guangzhou en 1983 a notamment révélé que ce souverain, dont le nom est absent du *Shiji*, avait adopté le titre d'empereur Wen, montrant ainsi sa volonté de rivaliser avec l'empire des Han. La magnificence des objets funéraires est également significative du haut degré des connaissances techniques dans cette région. Voir Erica Fox Brindley, *Ancient China and the Yue: Perceptions and Identities on the Southern Frontier (c. 400 BCE-50 CE)*, Cambridge, Cambridge University Press, 2015.

La destinée du royaume de Nanyue se termine cependant lorsque l'empereur Wu 武 (*r.* 141-87) des Han décide d'étendre sa mainmise sur les régions du Sud. Il envoie contre Fanyu des troupes de cent mille soldats, qui tuent le souverain Zhao Jiande 趙建德[45] (l'arrière-petit-fils de Zhao Tuo) et son influent ministre Lü Jia 呂嘉. Le royaume est alors divisé en neuf commanderies (Cangwu 蒼梧, Nanhai 南海, Yulin 鬱林, Hepu 合浦, Jiaozhi 交趾, Jiuzhen 九真 et Rinan 日南, auxquelles s'ajoutent bientôt Dan'er 儋耳 et Zhuyai 珠崖) à la tête desquelles est placé un inspecteur (*cishi* 刺史) de Jiaozhi. À partir du règne de l'empereur Xuan 宣 (*r.* 74-49 av. J.-C.), il n'en reste plus que sept, suite à l'abandon des deux commanderies installées sur l'île de Hainan, Dan'er et Zhuyai[46].

À partir de la fin des Han occidentaux, la région apparaît comme un lieu d'échanges. Le *Hanshu* indique l'existence de plusieurs routes maritimes qui, depuis cette région, mènent vers de lointains pays : une mission vers le royaume dénommé Huangzhi 黄支 dans les sources chinoises (on suppose actuellement que ce royaume était situé dans l'Inde du Sud) est notamment envoyée par Wang Mang à la veille de la fondation de sa dynastie des Xin et marquerait le début de relations commerciales directes avec l'Inde. Le voyage nécessitait une dizaine de mois par bateau[47].

Selon le *Hou Han shu* cependant, la civilisation se serait développée dans la région surtout à partir des Han orientaux, grâce à de bons administrateurs versés dans les règles rituelles :

---

45. C'est sur le site de l'ancienne résidence de cet ultime souverain des Yue que l'un des premiers et principaux temples bouddhistes de la région, le Guangxiaosi 光孝寺, fut établi : voir Luo Xianglin 羅香林, *Tangdai Guangzhou Guangxiaosi yu Zhong Yin jiaotong zhi guanxi* 唐代廣州光孝寺與中印交通之關係, Hong Kong, Institute of Chinese Culture, 1960, p. 147.

46. Voir *HHS*, *juan* 1A, p. 41.

47. *Hanshu*, *juan* 28B, p. 1671.

> Sous le règne de Guangwu, Xi Guang[48] dirigeait Jiaozhi, et Ren Yan[49] administrait Jiuzhen. Tous deux enseignèrent alors (à la population) les techniques agricoles, édictèrent les règles quant au port du bonnet et des chaussures, et commencèrent à diffuser le recours aux entremetteuses et la compréhension du mariage. Ils fondèrent des écoles et guidèrent [la population] à l'aide des principes rituels.
>
> 光武中興, 錫光為交阯, 任延守九真, 於是教其耕稼, 制為冠履, 初設媒娉, 始知姻娶, 建立學校, 導之禮義[50].

En dépit de cette vision idyllique de l'administration Han dans la région, les tensions restent fortes ; ainsi dès le début de la dynastie des Han orientaux, la seizième année du règne de l'empereur Guangwu 光武 (40 ap. J.-C.), éclate une révolte menée par deux sœurs, Zheng Ce 徵側 (Trưng Trắc) et Zheng Er 徵貳 (Trưng Nhị)[51], qui fondent un royaume autonome. Si la révolte est écrasée trois années plus tard, le contrôle administratif de cette région n'en demeure pas moins fragile. Ainsi, à la fin de la dynastie, Xue Zong 薛綜 († 243) fait parvenir un mémoire au trône[52] pour avertir l'empereur du soin à apporter dans le choix d'un gouverneur pour cette région difficile à administrer. Il y dresse le tableau de mœurs et de langues extrêmement disparates, de populations échappant

48. Xi Guang, dont les dates précises sont inconnues, était déjà administrateur du Jiaozhi à la fin des Han occidentaux, et son administration ne connut aucune interruption en dépit des profonds changements connus par l'empire sous les règnes de Wang Mang puis de l'empereur Gengshi 更始.

49. Ren Yan (5-68) fut réputé dès son plus jeune âge pour sa connaissance exceptionnelle des Classiques. Il développa une politique de « confucianisation » de la société assez énergique dans les régions dont il fut chargé. Sa biographie est intégrée par Fan Ye dans le chapitre collectif sur les « fonctionnaires civilisateurs » 循吏列傳.

50. *HHS*, *juan* 86, p. 2835 et suiv.

51. Les sœurs Trưng sont considérées comme des héroïnes dans l'histoire du Vietnam.

52. Voir *Sanguo zhi*, « Documents de Wu » 吳書, *juan* 53, p. 1251-1253.

aux règles rituelles les plus fondamentales, certaines marchant pieds nus (la chaussure étant un symbole du rite, l'expression est quasiment synonyme de « dépourvu de rites »), d'autres encore laissant les jeunes se rencontrer et se marier sans entremise et sans accord préalable des parents. Il semblerait donc que l'œuvre civilisatrice évoquée à propos des deux administrateurs du début des Han orientaux n'ait eu qu'un effet très limité.

Cette région est devenue à la fin de l'empire un refuge pour de nombreux lettrés, comme Liu Xi 劉熙[53] (c. 160-?) ou deux lettrés qui deviendront ses disciples, Xue Zong 薛綜 (?-243) ou Cheng Bing 程秉 (172?-225?), un disciple du grand commentateur des Classiques Zheng Xuan 鄭玄[54]. On peut penser dès lors qu'il y existait une sociabilité différente de celle de la capitale, propice à de nouveaux types d'échanges intellectuels. Si l'on accepte l'authenticité du *Meou-tseu*, il formerait la première trace écrite témoignant d'une part de la conversion au bouddhisme d'un lettré confucéen, et d'autre part d'un débat entre un lettré intégrant d'emblée le bouddhisme dans le champ ouvert par les Classiques et d'autres lettrés défendant l'idée d'une incompatibilité profonde entre la pensée et les pratiques inspirées des Classiques et l'enseignement du Bouddha. L'historiographie officielle relate quant à elle

53. Liu Xi, originaire de Beihai 北海, a composé entre autres un dictionnaire intitulé *Shiming* 釋名 et un commentaire du *Mengzi* 孟子注, qui ont disparu mais sont cités dans la grande anthologie *Wenxuan* 文選. On sait qu'il vécut longtemps dans le Jiaozhi, mais il n'est pas précisé combien de temps, ni s'il y occupa un poste.

54. Voir *Sanguo zhi*, « Documents de Wu », *juan* 53, p. 1250 à propos de Xue Zong : « Jeune, il se réfugia avec sa famille au Jiaozhou, et se mit à l'école de Liu Xi. » 少依族人避地交州，從劉熙學. À propos de Cheng Bing, *ibid.*, *juan* 53, p. 1248 : « Il étudia auprès de Zheng Xuan, puis fuyant les troubles, se rendit au Jiaozhou, et examina avec Liu Xi le sens général [des Classiques], et comprit ainsi l'ensemble des cinq Classiques. » 逮事鄭玄，後避亂交州，與劉熙考論大義，遂博通五經。

l'histoire d'une introduction du bouddhisme en Chine qui débute non pas aux marges, mais au centre même de l'empire.

L'introduction du bouddhisme en Chine d'après l'historiographie officielle

Le rêve d'un empereur fut longtemps considéré comme étant à l'origine de l'introduction du bouddhisme dans l'empire des Han. Plusieurs sources historiographiques, dont les *Annales des Han orientaux* (*Hou Han ji* 後漢紀) de Yuan Hong 袁宏 (330-378) et l'*Histoire des Han orientaux* de Fan Ye, rapportent le rêve de l'empereur Ming 明 (*r*. 57-75)[55] et précisent que celui-ci non seulement envoya une mission se renseigner sur la doctrine du Bouddha, mais aussi qu'au retour de cette mission, il fit faire des représentations iconographiques (圖畫形象) de ce personnage rencontré en rêve et d'emblée caractérisé par des traits physiques exceptionnels. Or, l'empereur Ming passe en général pour être un « empereur confucéen » modèle. Les *Propos généraux de l'ère Longxing sur la chronologie de l'enseignement du Bouddha* 隆興佛教編年通論 du moine Zuxiu 祖琇 (XIIe siècle) sont un texte composé sous la dynastie des Song du Sud qui ne se contente pas de compiler des textes bouddhiques jusqu'aux Cinq Dynasties, mais qui propose également des discussions sur l'histoire du bouddhisme en Chine. En ce qui concerne le chapitre sur la dynastie des Han, l'auteur développe ainsi une explication paradoxale de la raison pour laquelle le Bouddha est apparu en rêve précisément à l'empereur Ming :

55. En ce qui concerne les sources non historiographiques, on trouve le récit du rêve de l'empereur Ming dans notre texte (qui est probablement la source la plus ancienne, même si le passage concernant le rêve a très bien pu être interpolé ultérieurement) ainsi que dans l'introduction du *Sishi'er zhang jing* 四十二章經.

> C'est parce que l'empereur Ming embrassa la grandeur des trois sages souverains de la dynastie des Han occidentaux [les empereurs Wen, Jing et Zhao] et mit lui-même en pratique l'enseignement des souverains de l'Antiquité, qu'il entra subtilement en communication avec notre Bouddha. Ainsi, la doctrine sacrée put se répandre dans l'empire, et avec la doctrine des lettrés se compléter mutuellement pour diffuser le bien dans le monde. Comment cela pourrait-il être un hasard ?
>
> 由顯宗包舉西漢三宗之美。躬行古帝王之道。此所以精爽與吾佛感通。而聖教因之被于中夏。與儒相表裏而廣天下以善也。夫豈偶爾哉[56]。

Selon ce texte, c'est donc précisément parce que le règne de l'empereur Ming représente l'apogée de l'enseignement confucéen qu'il aurait été touché par le Bouddha.

Ce récit entourant les origines du bouddhisme en Chine fut profondément remis en cause par l'étude d'Henri Maspero[57]. Si le rêve impérial est très probablement un récit pieux et tardif, il n'en reste pas moins que c'est sous le règne de cet empereur qu'est pour la première fois signalée une présence du bouddhisme parmi les membres de la classe dirigeante : ainsi, la biographie du prince Ying de Chu 楚王英 († 71), fieffé à Pengcheng 彭城 (situé dans la région du Sud-Est, Xuzhou 徐州), mentionne les dons que ce prince fait aux moines (*sangmen* 桑門 ou *shamen* 沙門) et aux bouddhistes laïcs (*yipusai* 伊蒲塞 [*upāsaka*[58]] parfois aussi transcrit *youposai* 優婆塞 pour

---

56. Zuxiu 祖琇, *Longxing Fojiao biannian tonglun*, *juan* 1, *Taishō* 1512(75).

57. Il montra notamment qu'il était impossible d'envoyer une ambassade à l'époque de l'empereur Ming. Voir « Le songe et l'ambassade de l'empereur Ming : étude critique des sources », *Bulletin de l'École Française d'Extrême-Orient*, 1901, vol. X, nº 1, p. 95-130.

58. La traduction sémantique de ce terme en chinois est *jinzhu* 近住 « ceux qui sont proches », autrement dit ceux qui s'inspirent du mode de vie des moines sans faire partie du clergé.

les hommes, et *youpoyi* 優婆夷 pour les femmes). Il nous est dit aussi que le prince fut dans sa jeunesse d'abord intéressé par la tradition des chevaliers redresseurs de tort, avant de se tourner à l'âge mûr vers la doctrine de l'Empereur Jaune et de Laozi (Huang-Lao 黃老) et le Bouddha[59]. Sa pratique du bouddhisme semble se résumer à des jeûnes périodiques et à un culte similaire à ceux qui sont rendus aux divinités protectrices. Lorsque commencent les soupçons d'un complot contre l'empereur Ming (dont le prince Ying était pourtant très proche depuis sa jeunesse), son adhésion au bouddhisme semble d'abord jouer en sa faveur, l'empereur la mentionnant, au même titre que son intérêt pour le Huang-Lao, comme une manifestation de sa générosité et de son désintéressement. Cependant, le prince finit par être victime d'une seconde vague d'accusations, visant ses mauvaises fréquentations et sa fabrication de présages (étroitement associés aux pratiques

59. Voir *HHS*, *juan* 42, p. 1428 : « Récitant les mots subtils de l'Empereur Jaune et de Laozi, vénérant l'humanité et la compassion du Bouddha » 誦黃老之微言，尚浮屠之仁祠[慈]. Voir aussi *Hou Han ji*, *juan* 10, p. 274 (treizième année de l'ère Yongping) : « Le prince Ying admirait les chevaliers redresseurs de torts et recevait de nombreux invités. Avec l'âge, il se mit à apprécier [la doctrine de] l'Empereur Jaune et de Laozi, et à pratiquer la compassion du Bouddha. » 英好遊俠，交通賓客，晚節喜黃老，修浮屠祠[慈]. Plus loin, p. 276, apparaissent des éléments intéressants sur ce que l'on sait du bouddhisme à l'époque, et notamment de la difficile notion de *nirvāṇa*, dont l'interprétation chinoise balance entre les notions de *wuwei* (« non-agir ») et *wusheng* (« non-naissance ») : « L'enseignement du Bouddha consiste principalement à développer son esprit de bonté et de compassion, à ne pas tuer les êtres vivants et à se préoccuper uniquement [de demeurer] pur et calme. […] Il considère aussi qu'après la mort, l'esprit de l'homme n'est pas détruit, et qu'il prend ensuite une nouvelle forme. De ce que nous avons fait au cours de notre vie, le bien et le mal recevront sa juste réponse. Ainsi [les moines] cherchent à pratiquer le bien et à avancer dans la Voie afin de sans cesse affiner leur esprit, et d'atteindre le *wuwei* en devenant des Bouddha. » (Dans le *Hou Han shu,* il s'agit d'atteindre le *wusheng*, la non-naissance) 浮屠者 […] 其教以修善慈心為主，不殺生，專務清淨。[…] 又以為人死精神不滅，隨復受形，生時所行，善惡皆有報應。故所貴行善修道，以鍊精神而不已，以至無為而得為佛也 (note : 范書及通鑑注引袁紀「無為」作「無生」).

de légitimation du pouvoir, et donc probablement considérés comme les prodromes d'une usurpation). L'empereur, qui n'aurait pu se résoudre à son exécution, l'envoya en exil, où le prince se suicida l'année suivante. La purge, qui impliqua aussi plusieurs milliers de personnes, souvent des proches du prince, se termina en 77 et des honneurs posthumes furent rendus au prince. Dans le *Hou Han ji* (chap. x) de Yuan Hong, le récit du rêve de l'empereur Ming suit justement celui de la purge visant le prince de Chu et ses proches. Comme il est le premier « patron » connu du bouddhisme en Chine, on peut difficilement voir là un hasard. Le récit du rêve de l'empereur Ming pourrait alors avoir pour fonction de relier l'introduction du bouddhisme à la figure impériale, plus qu'à celle d'un prince contemporain soupçonné de déloyauté et déchu. Cependant, la question de savoir comment le prince de Chu, au sud-est de la Chine de l'époque, put être en contact avec le bouddhisme, reste ouverte, comme le note Rafe De Crespigny dans sa biographie du prince Liu Ying. Il rappelle ainsi que la théorie généralement défendue d'une arrivée du bouddhisme par les routes de l'Asie centrale supposerait que cette doctrine ait ensuite traversé la Chine sans laisser d'autres traces anciennes, et que l'on pourrait dès lors aussi envisager la possibilité que le bouddhisme se soit développé dans cette région du Sud-Est par la route maritime[60].

De fait, une vision un tant soit peu complète et juste de ce que pouvait être la diffusion du bouddhisme dans cette région sous la dynastie des Han orientaux se heurte non seulement à la rareté des sources, mais aussi à une alternative posée longtemps

60. *A Biographical Dictionary of Later Han to the Three Kingdoms (23-220 AD)*, Leyde-New York, Brill, 2007, p. 579 : « While it is generally accepted that the teaching came by the way of the Central Asia and then across China to this region of the southeast it may be that Liu Ying and his associates received instruction from sea traders to the south. »

en ces termes : « route terrestre ou route maritime[61] ? » En ce qui concerne l'extrême sud de la Chine, la difficulté inhérente à toute recherche des premières traces de présence bouddhiste se double donc d'un obstacle lié au fait que l'importance de la route maritime pour le développement du bouddhisme chinois fut souvent niée en faveur de la route terrestre, la route de la soie. Or, il est plus juste de partir de la diversité des routes, plutôt que de faire l'hypothèse d'une origine unique de l'introduction du bouddhisme en Chine, comme le propose Luo Xianglin dans l'introduction à son étude sur l'un des temples majeurs du Guangzhou[62]. Les routes par lesquelles le bouddhisme pouvait arriver dans la Chine des Han sont selon lui au nombre de quatre : la route de Dunhuang 敦煌, la route de Yongchang 永昌, la route de Jiaoguang 交廣 (Jiaozhi-Guangzhou) et la route de Qingzhou 青州.

Selon Wang Gungwu[63], les échanges de tributs décrits dans le *Hou Han shu* montrent l'existence dans la région de Jiaozhi d'un commerce « extensif, si ce n'est intensif » à l'époque des Han orientaux. Du côté chinois, le port le plus important se trouve dans la commanderie de Jiaozhi, près de l'actuelle Hanoï. Quant aux commerçants étrangers, ils ne semblent pas voyager au-delà de Jiaozhi (ils ne se rendent pas à Canton). Peut-être reposent-ils ensuite sur la navigation côtière dont les populations Yue sont depuis longtemps les maîtres.

61. Voir Rong Xinjiang (Xiuqin Zhou trad.), « Land Road or Sea Route? Commentary on the Study of the Paths of Transmission and Areas in Which Buddhism Was Disseminated During the Han Period », *Sino-Platonic Papers*, nº 144, 2004, p. 14, qui présente ainsi le débat : « Archaeologists usually are very cautious, some are even critical, towards the view of Buddhism infiltration into China via the sea route, when discussing Buddhist archaeological sites discovered along the southeast coastal areas. It is interesting to note that, in recent years, those who advocate the idea of a sea-route are primarily historians and local scholars in the coastal regions. »

62. Voir Luo Xianglin 羅香林, *Tangdai Guangzhou Guangxiaosi yu Zhong Yin jiaotong zhi guanxi* 唐代廣州光孝寺與中印交通之關係, *op. cit.*

63. Wang Gungwu, *The Nanhai Trade*, *op. cit.*, p. 29.

Au vu des différents déplacements qui se développent à la fin des Han, d'une part du nord vers le sud de la Chine, en raison de l'instabilité politique, et d'autre part du sud de la péninsule vietnamienne vers le nord, il est très probable que dès l'époque de la rédaction supposée du *Meou-tseu*, plusieurs bouddhismes se soient côtoyés dans la région de Jiaozhi. C'est en tout cas ce qui semble indiqué par le trente-cinquième argument, qui met finalement en scène le face-à-face entre un lettré ayant connu le bouddhisme venu par voie maritime au sud (Meou-tseu) et son interlocuteur venu du nord qui décrit ainsi son expérience :

> Je me suis rendu par le passé dans le pays de Khotan et y ai rencontré à de nombreuses reprises des moines bouddhistes (*śramaṇa*). Je me suis attelé à la tâche de les réfuter. Ils n'ont pu répondre et ont préféré prendre congé. Beaucoup se sont réformés et ont changé d'idée. Seriez-vous donc le seul à être si résistant à toute réforme ?

La « résistance » de Meou-tseu, qui paraît pourtant bien isolé, contraste avec la facile défaite, ou l'abandon, des moines du royaume de Khotan, pourtant gagné au bouddhisme. Par ailleurs, il est possible que la mission que Meou-tseu se donne, de repousser la confusion (en particulier entre bouddhisme et techniques d'immortalité), ait aussi eu pour origine la confrontation, favorisée par le mouvement d'exode vers le sud, entre une compréhension du bouddhisme développée dans le Nord, bien différente de celle de la région de l'Extrême-Sud où il vivait.

Une présence ancienne du bouddhisme à l'extrême sud de la Chine, se développant parallèlement à l'introduction du bouddhisme par les voies terrestres d'Asie centrale, *via* notamment les populations Yue, est évoquée par Paul Pelliot, qui la considère comme très probable même s'il existe peu d'éléments venant prouver ce fait[64] : « C'est par le Tonkin

64. « Meou-tseu ou les doutes levés », *art. cit.*, p. 256.

[c'est-à-dire le Jiaozhi dont nous parle notre texte] qu'étaient arrivés en 166 les "envoyés" de Marc Aurèle. Au début du IIIe siècle de notre ère, c'est au Tonkin qu'était établie, pour les besoins de son commerce, la famille de ce Sogdien Seng-houei, qui fut ensuite un des grands traducteurs du bouddhisme chinois. Au Tonkin encore arriva en 226 le "Romain" T'sin Louen. » Le « Sogdien Seng-houei » est Kang Senghui, dont il nous est dit dans les *Biographies des moines éminents* que sa famille, en effet d'origine sogdienne, résidait depuis plusieurs générations en Inde[65], puis que son père s'était déplacé avec sa famille dans le Jiaozhi. Sa jeunesse et sa formation, qui comme dans le cas de Meou-tseu se caractérisaient par l'étendue des textes étudiés, se déroulèrent à Jiaozhi : « Il comprenait clairement les trois Recueils (le *Tripiṭaka*) ; il avait étendu ses connaissances aux six Classiques confucéens ; les textes astronomiques, les diagrammes et les apocryphes, il en avait embrassé et parcouru un grand nombre ; il discourait habilement sur

65. La biographie de Kang Senghui (mort en 280 ap. J.-C.) dans le *Gaoseng zhuan* (*Biographies des moines éminents*) est traduite et commentée par Édouard Chavannes (voir « Seng-houei », *T'oung Pao*, vol. X, n° 1-5, 1909, p. 199-212) et par Robert Shih (voir *Biographies des moines éminents (Kao Seng Tchouan) de Houei-Kiao*, Louvain, Institut orientaliste, 1968, p. 20-30). Sur les lointains déplacements des marchands sogdiens, voir Frantz Grenet, « Les marchands sogdiens dans les mers du Sud à l'époque préislamique », *Cahiers d'Asie centrale, Inde-Asie centrale : routes du commerce et des idées (colloque international de l'Institut français d'études sur l'Asie centrale [Ifeac], Tachkent, 23-25 octobre 1995)*, n° 1-2, 1996, p. 65-84. Pour une époque aussi ancienne, Frantz Grenet souligne la rareté de nos connaissances, cette biographie de Kang Senghui constituant justement l'une des rares sources attestant de la présence de marchands sogdiens dans l'extrême sud de la Chine : « Il faut bien convenir que nos connaissances sur les Sogdiens des mers du Sud sont tout à fait minces et discontinues, contrairement à celles que nous avons sur ceux de la route terrestre de Chine. Là, de nombreux documents tant internes qu'externes permettent d'envisager le sort de plusieurs colonies sur une longue période. Sur les étapes maritimes, au contraire, nous n'avons pas d'archives, et les quelques individus que par chance nous pouvons apercevoir sont justement ceux qui ont quitté la carrière marchande pour entrer dans la grande histoire du bouddhisme. »

l'essentiel de la science du gouvernement et excellait dans la composition littéraire[66]. » Il semble donc que le Jiaozhi du début du IIIe siècle était un lieu propice à l'acquisition d'une vaste culture textuelle. Lorsque Kang Senghui décide plus tard de quitter Jiaozhi et de passer au Jiangzuo (région du cours inférieur du fleuve Bleu, en particulier Nankin ou Jianye) pour se rendre dans le pays de Wu, alors gouverné par Sun Quan 孫權 (r. 229-252), ce n'est point dans la visée de chercher de nouvelles connaissances, mais dans celle de diffuser l'enseignement bouddhique, beaucoup moins développé à Wu malgré l'arrivée d'un *upāsaka* d'origine indo-scythe nommé Zhi Qian 支謙, et qui commença à traduire des textes bouddhiques. La biographie nous dit que Kang Senghui fut le premier *śramaṇa* jamais vu dans le royaume de Wu. Il est intéressant de constater que la présence de ce religieux aux vêtements et aux pratiques étranges suscita chez les fonctionnaires une méfiance à laquelle Sun Quan répondit en rappelant l'histoire du rêve de l'empereur Ming, se demandant s'il ne s'agissait pas là du culte de ce dieu autrefois vu en songe par l'empereur. Une telle mention irait dans le sens de Pelliot disant que le rêve de l'empereur Ming est une façon de légitimer le bouddhisme du Sud. Le *Meou-tseu* est précisément l'un des deux textes (avec le *Sishi'er zhang jing* 四十二章經) à l'origine de la légende du rêve de l'empereur Ming des Han, qui conduit à relier l'introduction du bouddhisme à une décision impériale motivée par la vision du Bouddha en rêve.

66. Traduction de Robert Shih, légèrement modifiée : voir *Biographies des moines éminents*, *op. cit*. Le traducteur commente ainsi en note le large savoir de Kang Senghui : « Ce Sogdien complètement sinisé connaît à fond le confucianisme. » En revanche, il ne commente pas le fait qu'il ait pu, alors qu'il avait toujours vécu à l'extrême sud de la Chine, dans une région qui depuis la fin des Han comme nous l'avons vu est relativement isolée du reste du territoire, se constituer une culture bouddhique approfondie.

La présence du bouddhisme en Chine au IIe siècle de notre ère dans la capitale reste, sans surprise, mieux connue : sous l'empereur Ling (*r.* 168-189), Zhi Fadu 支法度 (grand-père de Zhi Qian) s'installe en Chine avec plusieurs centaines d'hommes, la plupart des marchands originaires de Kuṣāṇa (Yuezhi 月支)[67] probablement arrivés par l'une des routes terrestres plus au nord, la route de la Soie ou la route du Sichuan. À Luoyang, la capitale, se trouvent An Xuan 安玄 arrivé en 181 en tant que marchand (probablement d'origine parthe) et qui devient traducteur en raison de sa connaissance d'un grand nombre de *Sūtra*, ainsi que Kang Mengxiang 康孟詳, également traducteur, et fils d'un marchand sogdien – ces deux grands traducteurs illustrant le rôle important joué par la caste des marchands dans la diffusion de la doctrine bouddhique[68].

On a souvent souligné les échanges qui s'établirent très tôt entre « taoïsme » et bouddhisme. Il faut d'emblée préciser que le terme de « taoïsme » ne désigne pas un courant unifié à l'époque des Han orientaux, mais recouvre au moins trois tendances distinctes même si elles ne sont pas nécessairement exclusives l'une de l'autre : la recherche d'immortalité, centrée sur des pratiques de transformation de soi, le « taoïsme philosophique » qui se fonde en particulier sur des textes comme le *Laozi* et le *Zhuangzi*, et les mouvements de salvation collective, comme celui qui se développe autour de la reine mère de l'Ouest (Xiwangmu 西王母), ou plus tard autour de Laozi divinisé. Un article de Stephan Peter Bumbacher fait le point sur les diverses interactions, dans les domaines de la vision du divin,

67. Voir Stephan Peter Bumbacher, « Early Buddhism in China: Daoist Reactions », dans Ann Heirman et Stephan Peter Bumbacher (dir.), *The Spread of Buddhism*, Leyde-Boston, Brill, 2007, p. 204.

68. Comme le note Stephan Peter Bumbacher, ceux-ci sont très présents dès les origines, puisque parmi les soixante-quinze disciples majeurs du Bouddha, presque la moitié étaient des marchands.

des techniques de méditation et de la conception du texte, interactions qui se développèrent très tôt[69]. Il omet cependant la route maritime, alors que si l'on en croit le *Meou-tseu*, la présence précoce du bouddhisme dans l'extrême sud de l'empire des Han peut constituer un élément important puisque, dans cette même région, se rassemblent également de nombreux « spécialistes » des savoirs liés à l'immortalité. En revanche, on ne voit pas trace dans le *Meou-tseu* d'un taoïsme salvateur, à la différence des régions de l'Ouest, où se développe un rapprochement entre la figure salvatrice de la reine mère de l'Ouest et le Bouddha. La conclusion de Bumbacher montre bien sur quelle vision de la diffusion du bouddhisme il se fonde, et qui suppose de ne pas tenir compte du *Meou-tseu*, à la fois de ce que ce texte nous dit du développement du bouddhisme dans l'extrême sud de la Chine, largement autonome par rapport aux autres voies d'introduction du bouddhisme en Chine, mais également de l'origine des débats entre les « trois doctrines », qui sont selon lui des « contre-feux » lancés par des taoïstes inquiets de l'influence grandissante du bouddhisme[70]. L'un des enjeux du *Meou-tseu* est de montrer la grande diversité

69. *Ibid.*, p. 241 : « The interactions between the developing Daoism and the infiltrating Buddhism were quite complex and their nature changed with time. The Queen Mother of the West as a saviour goddess residing in remote western areas paved the way for the Buddha as initially just another savior from the west. On the other hand, once in China, his iconography irreversibly changed that of the Queen Mother. The earliest notions of the deified Laozi influenced the earliest known Chinese concepts of the Buddha. When the more sophisticated *Lives* of the Buddha had been translated they in turn informed the later *vitae* of Laozi. »

70. *Ibid.*, p. 242 : « When Buddhism became widespread in China and was even to be found at the southern courts and among influential families, some Daoists felt pressed to take counter-measures. On the one hand, they tried to out-do their Buddhist rivals in court debates and private disputes in which they often seem to have been beaten due to their inferior discussion technique. Another way consisted in appropriating Buddhist texts, turning them into Daoist scriptures and, presenting them as directly revealed by the gods as corrections of the faulty Buddhist versions, thus compromising Buddhism as being inferior to Daoism. »

des manières de « préparer la voie » au Bouddha en Chine, ici à l'aide des classiques confucéens, et d'envisager comment la rhétorique confucéenne a aussi profondément informé la forme du débat entre les trois doctrines, le *Meou-tseu* ayant, au moins depuis qu'il est devenu le premier chapitre du *Hongmingji*, inspiré de nombreux débats ultérieurs[71].

Des mondes incomplets

La rencontre, en rêve ou dans la réalité, avec le monde bouddhique, si partielle ou médiatisée qu'elle soit à l'époque des Han orientaux, laisse entrevoir une figure sacrée, le Bouddha, une organisation nouvelle, de type monacal, une culture scripturaire éminemment complexe et abondante, toutes choses inenvisageables dans le cadre des Classiques, qui étaient pourtant considérés depuis les Han occidentaux comme un corpus complet, épuisant tous les aspects et tous les mouvements du cosmos.

Il ne faut pas cependant considérer cette rencontre comme la confrontation de deux mondes homogènes et antithétiques. Il semble premièrement que le contenu théorique du bouddhisme soit relativement mal connu aux débuts de son introduction en Chine. De fait, l'interlocuteur de Meou-tseu ne l'interroge pas tant sur des points de doctrine que sur des modes de vie qui lui semblent incompatibles avec les valeurs véhiculées par les Classiques ; ou bien il tente d'assimiler certaines pratiques du bouddhisme avec celle des chercheurs taoïstes d'immortalité. D'un autre côté, le mouvement même de notre texte est en fait emprunté à la tradition confucéenne, dont il fait usage

71. Cet héritage de la rhétorique confucéenne dans le *Meou-tseu* a fait l'objet d'une étude spécifique, parue dans la revue *Études chinoises* : voir Béatrice L'Haridon, « La controverse dans le *Mouzi* », *Études chinoises*, vol. XXXII, nº 1, 2013, p. 77-96.

à divers niveaux : pour repousser toute confusion avec les pratiques d'immortalité, mais aussi pour défendre le recours à la rhétorique, ou encore, dans un retour aux sources textuelles avouées (les *Entretiens* de Confucius) ou non avouées (les *Nouveaux discours* de Lu Jia), pour faire renouer l'interlocuteur-lecteur avec un classicisme ouvert à la transformation. Le *Meou-tseu* présente donc un cas intéressant de création d'un hybride à partir de traditions incomplètes (la tradition classique ne connaissant pas le bouddhisme d'une part, et le bouddhisme étant mal connu, ou pire encore confondu avec la « religion taoïste » d'autre part), et non pas de confrontation entre deux blocs culturels. Dans ce processus d'hybridation, le taoïsme philosophique joue un rôle de cheville ouvrière.

L'hybridation se manifeste dans notre texte sous une forme qui pourrait quelque peu dérouter le lecteur, celle d'un tissage de citations, qui inscrit dans le texte l'articulation entre divers courants de pensée, les questions éristiques amenant très souvent Meou-tseu à s'appuyer dans un même mouvement à la fois sur Confucius et sur Laozi, les entrelaçant ainsi en les citant tous les deux à l'appui d'une même idée, selon un procédé constant de redoublement de la citation. La fonction de ces multiples citations n'est pas illustrative[72], elle est plutôt, pour reprendre l'assimilation faite par Meou-tseu entre les cinq Classiques et les cinq saveurs[73], d'« assaisonner » des idées non seulement nouvelles, mais susceptibles de faire éclater le cadre classique. Ainsi, le trente-deuxième argument défend l'échappée hors du cycle des renaissances comme but ultime de la pratique morale, idée nouvelle s'il en fut, en l'amenant de manière particulièrement habile entre deux

72. Un numéro de la revue *Extrême-Orient Extrême-Occident*, dirigé par Karine Chemla, François Martin et Jacqueline Pigeot, est tout entier consacré aux différentes dimensions et valeurs de la citation : voir *Le Travail de la citation en Chine et au Japon*, nº 17, 1995.

73. Voir le vingt-cinquième argument.

citations du *Laozi*. La première citation (extraite du verset 55) rappelle que le mouvement de renforcement et de décadence est contraire au mouvement de la Voie, ce qui amène Meou-tseu à l'idée selon laquelle trouver la Voie c'est trouver le moyen d'échapper à la vie elle-même, et donc d'échapper au cycle des renaissances : une telle interprétation du *Laozi* va ainsi à l'encontre des chercheurs d'immortalité, voués à prolonger et à transcender la vie par la vie, alors que celle-ci mène forcément à la décadence. Une même interprétation bouddhique du *Laozi* est à l'œuvre dans la citation d'un second passage (extrait du verset 13) qui assimile le corps à une « grande calamité », expression qui dans le *Laozi* n'avait évidemment aucun rapport avec l'idée d'échapper au cycle des renaissances, mais visait à renverser la vision commune des vicissitudes de l'existence, notamment politique.

Au-delà de l'usage complexe des citations, qui d'emblée pose ce « débat » dans une intertextualité touffue, le *Meou-tseu* est peut-être l'un des premiers textes à affirmer d'emblée une coupure avec l'oralité, et donc à repousser sciemment toute référence à un débat réel, la mise en scène du débat accédant même au statut de voie médiane entre la polémique orale et le silence. Cet artifice rhétorique appuyé prend précisément sa source, si on en croit la préface, dans le refus d'une confrontation stérile entre deux mondes, aussi bien que du silence indifférent :

> Meou-tseu se voua à l'étude de la Voie du Bouddha, tout en affinant sa compréhension des cinq mille mots du *Laozi*. Il buvait la liqueur du Mystère (la Voie taoïste) et jouait de la cithare des Classiques. Les hommes du commun critiquaient souvent une telle démarche, disant qu'elle empruntait une voie hétérodoxe et se détournait des Classiques. Polémiquer avec eux aurait été contraire à la Voie, et rester silencieux était impossible. Alors Meou-tseu se tourna vers l'écriture pour résoudre ces critiques, citant à l'appui les paroles des saints

et des sages. Le titre de l'ouvrage ainsi conçu fut : *Comment Meou-tseu dissipa la confusion*. (Préface)

Si j'espère avoir montré que la question de l'authenticité n'épuise pas tout l'intérêt que l'on peut porter à ce texte, et que son ancrage géographique et ses caractéristiques rhétoriques méritent aussi d'être analysés, il reste cependant nécessaire de faire le point sur cette question, au centre de la majeure partie des études sur le *Meou-tseu*.

L'authenticité en débat

Un débat nourri s'est d'emblée développé à propos de l'authenticité du *Meou-tseu*, qui a occupé, à la fin du XIXe siècle et au début du XXe siècle, certains des grands esprits de l'époque, et pas seulement les historiens du bouddhisme : Liang Qichao 梁啟超, Lü Cheng 呂澂 et Erik Zürcher tiennent ce texte pour un faux tardif, alors que Hu Shi 胡適, Zhou Shujia ou Tang Yongtong 湯用彤 penchent en faveur de son authenticité. Ce débat à propos de la datation divise aussi les spécialistes japonais. L'un des éléments qui ont fait porter le soupçon sur le texte est la présence de nombreux passages communs au *Meou-tseu* et au *Yi Xia lun* 夷夏論 de Gu Huan 顧歡 (*c.* 425-488). Certains commentateurs repoussent donc l'écriture du *Meou-tseu* à l'époque des Jin orientaux 東晉 (317-420), voire des Liu-Song 劉宋 (420-479). Mais la question est extrêmement technique, et reprendre tous les éléments du débat, aussi intéressants soient-ils, serait bien trop long. On peut tout au moins les classer selon plusieurs catégories générales : la plupart des arguments sont de l'ordre de l'histoire des textes ; ils se fondent sur la ressemblance, voire l'identité, de certains passages du *Meou-tseu* avec d'autres textes plus tardifs. D'autres arguments se fondent sur le style du texte. Enfin, une dernière catégorie d'arguments concerne l'histoire des éditions du *Meou-tseu*, qui connaît en effet un « vide » long de presque trois siècles. Il faudrait ici ajouter un élément, troublant, mais dont il est certes difficile de tirer une conclusion : la présence de quatre longues citations du *Xinyu*[74], dont l'auteur, Lu Jia, a lui aussi des liens étroits avec la région de Nanyue. Près de quatre siècles séparant nos deux textes, il semble impossible de tirer une conclusion de ces emprunts, mais il est cependant troublant de constater que le premier texte Han citant le *Xinyu* est le *Meou-tseu*, composé dans la région où fut à deux reprises envoyé Lu Jia, et où il demeura plusieurs années. Les deux textes ont vu leur authenticité remise en doute, mais le point que nous soulevons ici pourrait être un élément, certes ténu et insuffisant, par lequel ces deux textes, présents et transmis dans l'extrême sud de l'empire, se confortent mutuellement. Ceci expliquerait un autre point commun de ces deux textes, qui est souvent avancé comme un argument en faveur de la thèse du faux, leur « disparition » pendant plusieurs siècles : en effet, le *Meou-tseu* comme le *Xinyu* ne font l'objet d'aucune citation dans les textes transmis pendant plusieurs siècles. On connaît assez mal la manière dont les textes circulaient pendant la dynastie des Han, mais les sources semblent indiquer que, dans une culture manuscrite caractérisée par la difficulté de la transmission et de la reproduction des textes, il existait cependant une circulation importante des textes classiques et de certains textes techniques. Ainsi, Yang Xiong nous parle déjà, à la fin des Han occidentaux, de textes présents sur les marchés, et la biographie de Wang Chong indique que celui-ci, vivant dans une région relativement périphérique, eut cependant connaissance d'un grand nombre de textes en les lisant au marché. En revanche, son propre texte, le *Lunheng*, dut sa transmission à sa providentielle rencontre avec un célèbre

74. À ma connaissance, seul un très bref article (dont l'auteur est d'ailleurs mystérieux) signale ce point : An Peisheng 安培生, « Bu *Xinyu* si tiao zaoqi yinyongwen » 補新語四條早期引用文 (« À propos de quatre citations anciennes du *Xinyu* »), *Dalu zazhi* 大陸雜誌, vol. LXXXV, nº 4, 1992, p. 186.

lettré venu de la capitale, Cai Yong 蔡邕. La circulation du savoir se fait donc plus souvent de la capitale vers les régions excentrées. Mais le cheminement inverse n'est pas exclu, même s'il est plus long et périlleux.

Ce débat est bien entendu important du point de vue de l'histoire de l'introduction du bouddhisme en Chine. Mais dans le même temps, toute volonté de trouver un événement originel (c'est-à-dire en fait une origine unique) marquant le début de cette histoire est vouée à l'échec. Bien souvent, le débat autour de l'authenticité du *Meou-tseu* est précisément contaminé par cette volonté. Il existe en particulier un enjeu idéologique fort attaché à la présence plus ou moins ancienne du bouddhisme dans l'extrême sud de l'empire des Han. En effet, reconnaître cette présence (difficile à prouver cependant, du fait de l'éloignement vis-à-vis de la capitale où sont produits et conservés la majeure partie des textes parvenus jusqu'à nous) serait reconnaître aussi des origines diverses et multiples du bouddhisme en Chine, venu non seulement par voie terrestre le long de la route de la soie, mais aussi par voie maritime.

HISTOIRE DU TEXTE

Le *Meou-tseu* forme un exemple frappant de l'effet des anthologies sur l'histoire des textes, en ce qu'elles permettent parfois la transmission d'un texte perdu dans sa version autonome, mais contribuent aussi à gommer la singularité du texte « fondu » dans l'anthologie. Dans le cas précis du *Meou-tseu*, il continue en effet à être édité de manière autonome jusqu'à l'époque de la dynastie des Tang, mais à partir de la dynastie des Song, on ne trouve plus aucune mention d'une édition du *Meou-tseu*. Il continue à être transmis en tant que chapitre du *Hongmingji*. Le premier à exhumer le *Meou-tseu* de l'anthologie est Sun Xingyan 孫星衍 à l'époque des Qing, qui travaille à l'établissement du texte et l'intègre dans un recueil de divers textes intitulé *Pingjinguan congshu* 平律館叢書. Ensuite, Zhou Shujia édite à nouveau le texte du *Meou-tseu* en un fascicule indépendant en l'accompagnant d'un appareil critique : le *Mouzi congcan*. Le texte lui-même est repris de l'édition de Sun Xingyan, à l'exception d'une suppression portant sur le titre de Mou Rong (*taiwei*). Cette édition comporte cependant des défauts, et il reste préférable de se référer à l'édition coréenne du *Hongmingji* qui se trouve dans le *Dazangjing* (*Tripiṭaka Koreana*), le canon bouddhique chinois le plus ancien.

Le *Meou-tseu*, comme le *Sishi'er zhang jing* 四十二章經 (« Sūtra *en quarante-deux sections* »), probablement antérieur puisque le vingt et unième argument cite le titre de cet ouvrage, ne figure pas dans le premier catalogue bouddhique compilé par Dao'an 道安 (312-387) en 374[75].

Le Meou-tseu *dans les compilations bouddhiques*

1. (dynastie des Liu-Song 劉宋) *Falun* 法論 ([Compilation de] débats sur le *Dharma*), composé entre 466 ct 470 par Lu Cheng 陸澄 (425-494)[76] pour l'empereur Ming des Liu-Song (*r*. 466-472).

Cette compilation est à présent perdue, mais son introduction et son sommaire ont été repris dans le *Chu Sanzang jiji* 出三藏記集 (Collection de notes sur la traduction du *Tripiṭaka*) de Sengyou[77]. Dans l'introduction, Lu Cheng explique pourquoi il a classé le *Meou-tseu* dans la catégorie « Yuan xu » 緣序 (ordre karmique) et non dans la catégorie « Jiao men » 教門 (doctrines) : « Si j'ai classé le *Meou-tseu* dans la catégorie "ordre karmique" et non dans la catégorie "doctrines", c'est parce qu'il relate notamment comment le *Dharma* des apparences[78] commença à être transmis [en Chine] à l'époque

75. Cette absence ne peut constituer en soi un argument en défaveur de l'authenticité du *Meou-tseu* en raison de l'éloignement géographique et du caractère incomplet de ce catalogue, reconnu par son auteur lui-même : basé à Luoyang, il dit ne pas avoir pu trouver certains écrits de la région de Chang'an par exemple. Comme l'explique Zenryū Tsukamoto, il était aussi très difficile à cette époque d'avoir accès aux textes composés dans l'extrême sud de l'espace chinois.

76. Sa biographie se trouve dans le *Nan Qi shu* 南齊書, *juan* 39 et dans le *Nan shi* 南史, *juan* 48. Ce lettré reconnu pour l'immensité de son savoir commença à rédiger une histoire des Liu-Song 宋書, et fut aussi un bibliophile passionné, qui aurait rassemblé l'une des plus importantes collections de textes de son époque.

77. *Taishō* 2145(55).82c23.

78. Le « Dharma des apparences », ou « Dharma de l'image », est une traduction possible de la notion de *xiang fa* 象法, qui elle-même traduit la notion sanskrite de *pratirūpakadharma*, ou « Dharma reflété », c'est-à-dire la Loi bouddhique après le *nirvāṇa* du Bouddha historique, un âge où le Dharma n'existe plus que dans ses formes extérieures.

de l'empereur Ming des Han. » 牟子不入教門而入緣序以特載漢明之時像法初傳故也[79]. Cette introduction montre l'intérêt tout particulier que le compilateur nourrit envers le récit du rêve de l'empereur Ming.

Le titre exact donné au *Meou-tseu* dans cette compilation est : « *Mouzi*. Certains lui donnent le titre de "*Zhuan* de Mou Zibo, préfet de Cangwu" ». 牟子 (一云蒼梧太守牟子博傳[80]).

2. (dynastie des Liang 梁) *Hongmingji* 弘明集, compilé par Sengyou 僧佑 au début du VIe siècle. Le *Meou-tseu* forme le premier chapitre de cette compilation.

La meilleure édition de cette compilation est celle du *Tripiṭaka* coréen (*Jinban Gaoli Dazangjing* 金版高麗大藏經, 1236-1251).

3. (dynastie des Song du Sud 南宋) *Longxing fojiao biannian tonglun* 隆興佛教編年通論 (« Propos généraux de l'ère Longxing sur la chronologie de l'enseignement du Bouddha »), composé en 1164 par Zuxiu 祖琇. Il s'agit d'une édition partielle, ne comprenant que vingt arguments sur le total de trente-sept dans l'édition du *Hongmingji*. Cette édition n'en est pas moins remarquable, précisément car elle omet les arguments qui concentrent en général toutes les attentions des interprètes, à savoir les arguments 1, 2 et 21.

Ce texte est inclus dans le premier volume du *Tripiṭaka* japonais.

---

79. Voir *Taishō* 2145(55).82c23.
80. Voir *Taishō* 2145(55).85a11.

Autres éditions du **Meou-tseu**

4. *Mouzi* en deux *juan*, perdu.

Sous les Six Dynasties et les dynasties Sui et Tang, le *Meou-tseu* continue à être transmis en tant que texte autonome et mentionné à ce titre dans les traités bibliographiques des histoires officielles, le *Sui shu* 隋書, le *Jiu Tang shu* 舊唐書 et le *Xin Tang shu* 新唐書. Ces bibliographies ont proposé diverses catégorisations pour le *Meou-tseu* :

a. Sui shu 隋書, *juan* 34 « Jing ji zhi » 經籍志 : le *Meou-tseu* est classé dans la catégorie des « maîtres » (*zi* 子), et la sous-catégorie des « classicistes » (*Rujia* 儒家). Le texte est présenté ainsi : « *Mouzi* en deux *juan*[81] composé par Mou Rong[82], Grand Commandant sous la dynastie des Han orientaux » 牟子二卷後漢太尉牟融撰.

b. Jiu Tang shu 舊唐書, *juan* 47 « Jing ji zhi » 經籍志, p. 2030 : le *Meou-tseu* est classé dans la catégorie des « maîtres » (*zi* 子), et la sous-catégorie des « taoïstes » 道家. Cette sous-catégorie comprend des textes rattachés au *Laozi* et au *Zhuangzi*, ainsi que des textes combinant taoïsme et bouddhisme. Le texte a pour titre : « *Mouzi* en deux *juan* composé par Mou Rong 牟子二卷牟融撰 ».

c. Xin Tang shu 新唐書, *juan* 59 « Yi wen zhi » 藝文志 : dans ce traité bibliographique, la catégorie « taoïsme » est affinée et à celle-ci s'ajoutent deux autres catégories, « hommes divins et immortels » (*shen xian* 神仙) et « bouddhistes » (*shi* 釋). Cependant, contrairement à ce que l'on pourrait attendre, le *Meou-tseu* n'est pas pour autant déplacé vers la catégorie « bouddhistes », mais il demeure dans la catégorie « taoïsme », en compagnie des commentaires sur le *Laozi* et le *Zhuangzi*.

---

81. D'après Fukui Kōjun, cette version en deux *juan* est plus longue que le texte transmis, qui aurait été quelque peu abrégé par Sengyou avant de l'intégrer dans la compilation du *Hongmingji*.

82. Ici apparaît la confusion entre notre maître partiellement anonyme et un certain Mou Rong qui vécut au cours du Ier siècle de notre ère.

D'autres textes qui étaient classés par le *Jiu Tang shu* sous la catégorie « taoïsme » sont déplacés vers la catégorie « hommes divins et immortels ».

Le *Meou-tseu* en tant que texte autonome semble avoir disparu sous la dynastie des Song.

5. *Mouzi* en un juan.

Sous la dynastie des Qing 清 : édition de Sun Xingyan 孫星衍, *Pingjinguan congshu* 平津館叢書 : 牟子理惑論一卷, 漢太尉牟融撰. La mention d'un volume reprend la présentation ancienne telle que donnée dans le *Falun* et le *Chu sanzang jiji* ; en revanche, la mention de l'auteur reprend l'attribution tardive et fautive de Fa Lin 法琳 (572-640) dans son *Bian zheng lun* 辯正論 qui, comme on l'a vu, fut reprise ensuite par les histoires officielles, le *Suishu* et le *Jiu Tang shu*.

Dans l'introduction à ce texte édité à l'issue d'une recherche philologique approfondie, son disciple Hong Yixuan reprend les questions qui se posent à propos de l'auteur du *Meou-tseu* suite à l'attribution erronée proposée dans le traité bibliographique du *Suishu*. Dans l'impossibilité de répondre de manière définitive à ces questions, il propose de conserver l'attribution traditionnelle à Mou Rong. Il propose également une explication intéressante des raisons pour lesquelles le *Meou-tseu* est intégré dans la présente collection de textes : « Bien que cette œuvre soit une apologie de l'enseignement bouddhique, elle ne s'écarte jamais des principes des sages (l'enseignement des Classiques). Telle était précisément la raison pour laquelle le "traité bibliographique" du *Suishu* le classa dans la catégorie des « Classicistes » *Rujia*. Lorsque mon maître (Sun Xingyan) l'étudia, il se montra particulièrement intéressé par le fait qu'il s'agissait d'un texte ancien de la transition entre Han et Wei. Il le retira donc [de la compilation du *Hongmingji*] et l'édita en tant que texte indépendant. Il me chargea d'examiner les faits entourant la rédaction de ce texte, et ainsi j'en présente les tenants et les aboutissants dans l'introduction à cette édition. J'ai conservé l'attribution au "*Taiwei* Mou Rong", telle qu'on la trouve dans les histoires des Sui et des Tang, respectant ainsi le principe qui consiste à transmettre l'incertain quand rien n'est certain[83]. »

Au début du XXe siècle, le *Mouzi* fut l'objet d'une attention renouvelée, en particulier de la part des sinologues français Henri Maspero (avec son article sur « Le Rêve de l'empereur Ming » paru en 1901) et Paul Pelliot (qui publie en 1920 une longue étude, « Meou-tseu ou les doutes levés », accompagnée d'une traduction complète).

6. Zhou Shujia 周叔迦, *Mouzi congcan* 牟子叢殘 (1931) : cette édition du texte indique la présence de diverses citations. Elle est suivie d'une étude par Zhou Shujia des notions bouddhiques et des événements auxquels il est fait allusion dans le texte, suivie de récents travaux traitant de l'authenticité du texte (incluant ceux de Liang Qichao, Zhou Shujia et Hu Shi).

83. 是書雖崇信佛道, 尚不悖於聖賢之旨. 故隋志列於儒家. 吾師淵如觀察愛其為漢魏舊帙, 錄出別行. 屬頤煊考校其事, 因識其始末於卷首, 仍題漢太尉牟融撰者, 因隋唐之舊, 亦疑以傳疑之意云爾.

BIBLIOGRAPHIE

Éditions de référence

SENGYOU 僧佑, *Hongmingji* 弘明集, dans *Jinban Gaoli Dazangjing* 金版高麗大藏經, vol. LXVI, Beijing : Zongjiao wenhua chubanshe, 2004, p. 144-153.

SENGYOU 僧佑, *Hongmingji* 弘明集, dans *Congshu jicheng xinbian* 叢書集成新編, vol. XXV, Taipei : Xinwenfeng chuban gongsi, 1985-86, p. 523-528 (fac-similé de l'édition *Pingjinguan congshu* 平津館叢書).

ZUXIU 祖琇, *Longxing fojiao biannian tonglun* 隆興佛教編年通論, dans *Wanxu zangjing* 卍續藏經, vol. CXXX, Taipei : Xinwenfeng chuban gongsi, 1993.

Traductions du **Meou-tseu**

En anglais :

KEENAN John P. (trad.), *How Master Mou Removes Our Doubts: A Reader-Response Study and Translation of the Mou-tzu Li-huo lun*, Albany, State University of New York Press, coll. « SUNY Series in Buddhist Studies », 1994.

Une traduction anglaise par Christoph HARBSMEIER, fondée sur les traductions de Paul Pelliot et John P. Keenan, est consultable sur le site du *Thesaurus Linguae Sinicae* (http://tls.uni-hd.de).

DE BARY William Theodore et BLOOM Irene (éd.), *Sources of Chinese Tradition*, I, *From Earliest Times to 1600*, New

York, Columbia University Press, 2000, (2e éd.) 2013, p. 421-426 (traduction partielle).

En chinois moderne :

LIANG Qingyin 梁慶寅 (trad.), *Mouzi Li huo lun*, Kaohsiung, Foguang wenhua, 1996.

En français :

PELLIOT Paul (trad.), « Meou-tseu ou les doutes levés », *T'oung Pao*, nº 13, septembre 1920, p. 255-433.

En hongrois :

HAMAR Imre (trad.), « Mou mester eloszlatja a kételyeket: az első kínai buddhista apológia », dans Imre HAMAR et Gergely SALÀT (dir.), *Kínai filozófia és vallás a középkor hajnalán*, Budapest, Balassi Kiadó, 2005, p. 235-294.

Sources primaires

BAN Gu 班固, *Hanshu* 漢書, Pékin, Zhonghua shuju, 1983 [1962].

CHEN Shou 陳壽, *Sanguo zhi* 三國志, Pékin, Zhonghua shuju, 1959.

Dadai Liji 大戴禮記, éd. Qinding Siku quanshu 欽定四庫全書.

FAN Ye 范曄, *Hou Han shu* 後漢書 [*Histoire dynastique des Han Postérieurs*], Pékin, Zhonghua shuju, 2003 [1965].

Laozi 老子, dans *Zhuzi jicheng* 諸子集成, vol. 3, Pékin, Zhonghua shuju, 1990 [1954].

LI Daoyuan 酈道元, *Shuijing zhu* 水經注, éd. YANG Shoujing 楊守敬, XIONG Huizhen 熊會貞, *Shuijing zhu shu* 水經注疏, Nankin, Jiangsu guji chubanshe, 1999

Lunyu 論語, éd. Cheng Shude 程樹德, *Lunyu jishi* 論語集釋, Pékin, Zhonghua, 1990.

SIMA Qian 司馬遷, *Shiji* 史記 [*Mémoires historiques*], 10 vol., Pékin, Zhonghua shuju, 2007 [1959].

WANG Chong 王充, *Lunheng* 論衡, dans *Zhuzi jicheng* 諸子集成, vol. 7, Pékin, Zhonghua shuju, 1990 [1954].

Wenxuan 文選, Taipei, Huazheng shuju, 2000.

YAN Kejun 嚴可均 (éd.), *Quan Shanggu Sandai Qin Han Sanguo Liuchao wen* 全上古三代秦漢三國六朝文, vol. I, Pékin, Zhonghua, 1995.

Zhengtong Daozang 正統道藏 (Canon taoïste), Taipei, Xinwenfeng chuban, 1977, vol. XLII.

Études sur le Meou-tseu

AUROUSSEAU Léonard E., « Paul Pelliot, "Meou-tseu ou les doutes levés" » [compte rendu], *Bulletin de l'École Française d'Extrême-Orient*, vol. XXII, n° 1, 1922, p. 276-298.

CHEN Yixiong 陳義雄, *Zhongguo diyi ben foshu : Mouzi Li huo lun* 中國第一本佛書 : 牟子理惑論, Taipei, Daqian, 2012.

FUKUI Kōjun 福井康順, « *Moushi* no kenkyū » 牟子の研究 (« Recherches sur le *Mouzi* »), *Bukkyō shigaku* 佛教史學 (*The Journal of the History of Buddhism*), vol. II, n°s 2 et 3, 1951.

YU Jiaxi 余嘉錫, « *Mouzi Li huo lun* jiantao » 牟子理惑論檢討 (« Étude du *Mouzi li huo lun* »), 1936, rééd. dans ZHANG Mantao 張曼濤 (éd.), Sishi'er zhang jing *yu* Mouzi Li huo lun *kaobian* 四十二章經與牟子理惑論考辨, Taipei, Dacheng wenhua, 1978, p. 165-192.

ZHANG Mantao 張曼濤 (éd.), Sishi'er zhang jing *yu* Mouzi Li huo lun *kaobian* 四十二章經與牟子理惑論考辨 (« Étude critique sur le *Mouzi li huo lun* et sur le *Sūtra en quarante-deux sections* »), Taipei, Dacheng wenhua, 1978.

ZHOU Shujia 周叔迦 et ZHOU Shaoliang 周紹良, *Mouzi congcan xinbian* 牟子叢殘新編 (« Nouvelle édition des Morceaux divers sur le *Mouzi* »), Pékin, Zhongguo shuju, 2001.

Études sur la région de Jiaozhi et sur l'introduction du bouddhisme dans le sud de la Chine

AUROUSSEAU Léonard E., « Sur le nom de Cochinchine », *Bulletin de l'École française d'Extrême-Orient*, vol. XXIV, nº 1, 1924, p. 563-579.

BRINDLEY Erica, *Ancient China and the Yue: Perceptions and Identities on the Southern Frontier (c. 400 BCE-50 CE)*, Cambridge, Cambridge University Press, 2015.

CHEN Jinghe 陳荆和, « Jiaozhi mingcheng kao » 交趾名稱考, *Guoli Taiwan Daxue wenshizhe xuebao* 國立台灣大學文史哲學報, nº 4, 1952, p. 79-106.

ESPESSET Grégoire, « Editing and Translating the *Taiping Jing* and the Great Peace Textual Corpus », *Journal of Chinese Studies*, nº 48, 2008, p. 469-486.

GRENET Frantz, « Les marchands sogdiens dans les mers du Sud à l'époque préislamique », *Cahiers d'Asie centrale, Inde-Asie centrale : routes du commerce et des idées (colloque international de l'Institut français d'études sur l'Asie centrale [Ifeac], Tachkent, 23-25 octobre 1995)*, nº 1-2, 1996, p. 65-84.

HE Chengxuan 何成軒, *Ruxue nanchuan shi* 儒學南傳史 (« Histoire de la transmission du confucianisme dans les régions du Sud »), Pékin, Beijing daxue chubanshe, 2000.

HOLMGREN Jennifer, *Chinese Colonization of Northern Vietnam: Administrative Geography and Political Development in the Tongking Delta, First to Sixth centuries AD)*, Canberra, Australian National University, 1980.

LANGLET Philippe, *La Sagesse bouddhiste aux débuts du Viêt Nam*, Paris, Les Indes savantes, 2012.

LEVI Jean, *Han-Fei-tse ou le Tao du Prince*, Paris, Éditions du Seuil, 1999.

LI Tana, « Jiaozhi (Giao Chi) in the Han Period Tongking Gulf », dans Nola Cooke, Tana Li et James A. Anderson (dir.), *The Tongking Gulf Through History*, Philadelphie, University of Pennsylvania Press, 2011, p. 39-52.

LOEWE Michael, « Guangzhou: The Evidence of the Standard Histories from the *Shiji* to the *Chenshu*, A Preliminary Survey », dans Shing Müller, Thomas O. Höllmann et Putai Gui (éd.), *Guangdong: Archaeology and Early Texts/ Archäologie und frühe Texte (Zhou-Tang)*, Wiesbaden, Harrassowitz, 2004, p. 51-80.

LUO Xianglin 羅香林, *Tangdai Guangzhou Guangxiaosi yu Zhong Yin jiaotong zhi guanxi* 唐代廣州光孝寺與中印交通之關係, Hong Kong, Institute of Chinese Culture, 1960.

RONG Xinjiang (Xiuqin Zhou trad.), « Land Road or Sea Route? Commentary on the Study of the Paths of Transmission and Areas in Which Buddhism Was Disseminated During the Han Period », *Sino-Platonic Papers*, n° 144, 2004, p. 1-32.

WANG Gungwu, *The Nanhai Trade: The Early History of Chinese Trade in the South China Sea*, Singapour, Time Academic Press, 1998.

WU Tingqiu 吳廷璆 et Zheng Pengnian 鄭彭年, « Fojiao haishang chuanru Zhongguo zhi yanjiu » 佛教海上傳入中國之研究 (« Recherches sur l'introduction par voie maritime du bouddhisme en Chine »), *Lishi yanjiu* 歷史研究, n° 2, 1995, p. 20-39.

Études diverses

AN Peisheng 安培生, « Bu *Xinyu* si tiao zaoqi yinyongwen » 補新語四條早期引用文 (« À propos de quatre citations anciennes du *Xinyu* »), *Dalu zazhi* 大陸雜誌, vol. LXXXV, n° 4, 1992, p. 186.

BARRETT Timothy H., « Religious Change under Eastern Han and its Successors: Some Current Perspectives and Problems », dans Michael Loewe et Michael Nylan (dir.), *China's Early Empires: A Re-Appraisal*, Cambridge, Cambridge University Press, 2010, p. 430-448.

BERKOWITZ Alan J., *Patterns of Disengagement: The Practice and Portrayal of Reclusion in Early Medieval China*, Stanford (Californie), Stanford University Press, 2000.

BOKENKAMP Stephen, « The *Viśvantara-Jātaka* in Buddhist and Daoist Translation », dans Benjamin Penny (dir.), *Daoism in History: Essays in Honour of Liu Ts'un-yan*, Londres-New York, Routledge, 2006, p. 56-73.

BUJARD Marianne, « Le culte de Wangzi Qiao ou la longue carrière d'un immortel », *Études chinoises*, vol. XIX, nº 1-2, printemps-automne 2000, p. 115-158.

BUMBACHER Stephan Peter, « Early Buddhism in China: Daoist Reactions », dans Ann HEIRMAN et Stephan Peter BUMBACHER (dir.), *The Spread of Buddhism*, Leyde-Boston, Brill, 2007, p. 203-246.

CAMMANN Schuyler van R., « Archaelogical Evidence for Chinese Contacts with India During the Han Dynasty », *Sinologica*, vol. V, nº 1, 1956, p. 1-19.

CAMPANY Robert Ford, « On the Very Idea of Religions (In the Modern West and in Early Medieval China) », *History of Religions*, vol. XLII, nº 4, mai 2003, p. 287-319.

CHAN Alan Kam-leung et Lo Yuet-Keung, *Philosophy and Religion in Early Medieval China*, Albany, Suny Press, 2010.

CHAVANNES Édouard, « Les pays d'Occident d'après le "Heou Han chou" : Avant-propos », *T'oung Pao*, vol. VIII, nº 2, 1907, p. 149-234.

CHAVANNES Édouard, « Seng-houei », *T'oung Pao*, vol. X, nº 1-5, 1909, p. 199-212.

CHAVANNES Édouard, *Cinq cents contes et apologues tirés du Canon bouddhique chinois*, vol. III, Paris, Ernest Leroux, 1911.

CHEMLA Karine, Martin François et Pigeot Jacqueline (dir.), *Extrême-Orient Extrême-Occident*, *Le Travail de la citation en Chine et au Japon*, nº 17, 1995.

CH'EN Kenneth K. S., *Buddhism in China: A Historical Survey*, Princeton, Princeton University Press, 1964.

CH'EN Kenneth K. S., *The Chinese Transformation of Buddhism*, Princeton, Princeton University Press, 1973.

CH'EN Kenneth K. S. (Dominique Kych trad.), *Histoire du bouddhisme en Chine*, Paris, Les Belles Lettres, 2015.

CHENG Anne (trad.), *Entretiens de Confucius*, Paris, Éditions du Seuil, 1981.

CHENG Anne, *Histoire de la pensée chinoise*, Paris, Éditions du Seuil, 1997.

CORLESS Roger, « The Meaning of *Ching (Sûtra?)* in Buddhist Chinese », *Journal of Chinese Philosophy*, vol. III, n° 1, 1975, p. 67-72.

COUVREUR Séraphin (trad.), *Chou king : les annales de la Chine*, Paris, You Feng, 1999 (rééd.).

CRESPIGNY Rafe de, *Generals of the South: The Foundation and Early History of the Three Kingdoms State of Wu*, Canberra, The Australian National University, 1990.

CRESPIGNY Rafe de, *A Biographical Dictionary of Later Han to the Three Kingdoms (23-220 AD)*, Leyde-New York, Brill, 2007.

DECLERCQ Dominik, *Writing Against the State: Political Rhetorics in Third and Fourth Century China*, Leyde-New York, Brill, 1998.

DEMIÉVILLE Paul, « La pénétration du bouddhisme dans la tradition philosophique chinoise », dans *Choix d'études bouddhiques (1929-1970)*, Leyde, Brill, 1973, p. 241-260.

DESPEUX Catherine, « La culture lettrée au service d'un plaidoyer pour le bouddhisme : le "Traité des deux doctrines" ("Erjiao lun") de Dao'an », in Catherine DESPEUX (éd.), *Bouddhisme et lettrés dans la Chine médiévale*, Paris-Louvain, Peeters, 2002, p. 145-227.

DRÈGE Jean-Pierre (trad.), *Faxian, Mémoire sur les pays bouddhiques*, Paris, Les Belles Lettres, 2013.

ELISSEEFF Danielle, *Hybrides chinois : la quête de tous les possibles*, Paris, Hazan-Musée du Louvre Éditions, 2011.

FEUILLAS Stéphane et L'HARIDON Béatrice (trad.), *Lu Jia Xinyu. Nouveaux Discours*, Paris, Les Belles Lettres, 2012.

GARRETT Mary M., « The 'Three Doctrines Discussions' of Tang China: Religious Debate as a Rhetorical Strategy », *Argumentation & Advocacy*, vol. XXX, nº 3, hiver 1994, p. 150-161.

HRDLIČKOVÁ Vena, « The First Translations of Buddhist Sutras in Chinese Literature and Their Place in the Development of Storytelling », *Archiv Orientální*, nº 26, 1958, p. 114-144.

HU Shih, « The Indianization of China: A Case Study in Cultural Borrowing », dans *Independence, Convergence and Borrowing in Institutions, Thought and Art*, Cambridge (Massachusetts), Harvard University Press, 1937.

KARETZKY Patricia E., *The Life of the Buddha: Ancient Scriptural and Pictorial Traditions*, Lanham (Maryland), University Press of America, 1992.

LE BLANC Charles, Mathieu Rémi (trad.), *Philosophes confucianistes*, Paris, Gallimard, 2009.

L'HARIDON Béatrice (trad.), *Yang Xiong, Maîtres mots*, Paris, Les Belles Lettres, 2010.

L'HARIDON Béatrice, « La controverse dans le *Mouzi* », *Études chinoises*, vol. XXXII, nº 1, 2013, p. 77-96.

LI Fang 李昉 *et al.*, *Taiping yulan* 太平御覽, Pékin, Zhongghua shuju, 1960.

LI Xiaorong 李小榮, Hongmingji Guang Hongmingji *shu lungao* 弘明集廣弘明集述論稿 (« Essai sur la transmission du *Hongmingji* et du *Guang Hongmingji* »), Chengdu, Ba Shu shushe, 2005 (chap. i sur le *Mouzi*).

LINK Arthur, « Shih Seng-yu and His Writings », *Journal of the American Oriental Society*, vol. LXXX, nº 1, janvier-mars 1960, p. 17-43.

LOEWE Michael et Nylan Michael (dir.), *China's Early Empires: A Re-Appraisal*, Cambridge, Cambridge University Press, 2010.

LUO Xianglin 羅香林, « Tangdai sanjiao jianglun kao » 唐代三教講論考 (« Recherches sur les débats entre les trois doctrines à l'époque des Tang »), dans Luo Xianglin, *Tangdai wenhua shi* 唐代文化史, Taipei, Taiwan shangwu yinshuguan, 1963, p. 159-176.

MASPERO Henri, « Le songe et l'ambassade de l'empereur Ming : étude critique des sources », *Bulletin de l'École Française d'Extrême-Orient*, vol. X, nº 1, 1901, p. 95-130.

MASPERO Henri, « Les origines de la communauté bouddhiste de Lo-yang », *Journal Asiatique*, nº 225, 1934, p. 87-107.

PELLIOT Paul, « Le Fou-nan », *Bulletin de l'École Française d'Extrême-Orient*, vol. III, n° 1, 1903, p. 248-303.

POKORA Timoteus, « An Important Crossroad of the Chinese Thought », *Archiv Orientální*, vol. XXIX, nº 1, 1961, p. 64-79.

RYCKMANS Pierre, *Les Entretiens de Confucius*, Paris, Gallimard, 1987.

SCHMIDT-GLINTZER Helwig, *Das* Hung-ming chi *und die Aufnahme des Buddhismus in China*, Wiesbaden, Franz Steiner Verlag GmbH, 1976.

SCHOPEN Gregory, « Filial Piety and the Monk in the Practice of Indian Buddhism: A Question of 'Sinicization' Viewed from the Other Side », *T'oung Pao*, vol. LXX, nº 1, 1984, p. 110-126.

SHIH Robert (trad.), *Biographies des moines éminents (Kao Seng Tchouan) de Houei-Kiao*, Louvain, Institut orientaliste, 1968.

STRASSBERG Richard E. (trad.), *Wandering Spirits: Chen Shiyuan's Encyclopedia of Dreams*, Berkeley, University of California Press, 2008.

TSUKAMOTO Zenryū (HURVITZ Leon [trad.]), *A History of Early Chinese Buddhism : From Its Introduction to the Death of Hui-yüan*, I, Tokyo-New York, Kodansha international, 1985.

VERVOORN Aat, *Men of the Cliffs and Caves: The Development of the Chinese Eremitic Tradition to the End of the Han Dynasty*, Hong Kong, Chinese University Press, 1990.

WANG-TOUTAIN Françoise, « Entre spéculation métaphysique et dévotion. La doctrine bouddhique en Chine avant le VIIe siècle (textes et iconographie) », dans John Lagerwey (dir.), *Religion et société en Chine ancienne et médiévale*, Paris, Éditions du Cerf-Institut Ricci, 2009, p. 601-642.

YANG Chaoming 楊朝明, *Chutu wenxian yu rujia xueshu yanjiu* 出土文獻與儒家學術研究, Taipei, Taiwan Shufang, 2007.

ZÜRCHER Erik, *The Buddhist Conquest of China: The Spread and Adaptation of Buddhism in Early Medieval China*, Leyde, Brill, 1959, rééd. 1972 (2 vol.).

CARTE

LIANG
SILI
GUANGHAN DS
HANZHONG
NANYANG
GUANGHAN
SHU
NAN
SHU DS
BA
YI
WULING
JIANWEI
YUEXI
CHANG
JIANWEI DS
JING
ZANGKE
LINGLING
YIZHOU
YONG CHANG
CANGWU
YULIN
JIAO
[GAOXING/ GAOLIANG]
HEPU
JIAOZHI
JIUZHEN
RINAN

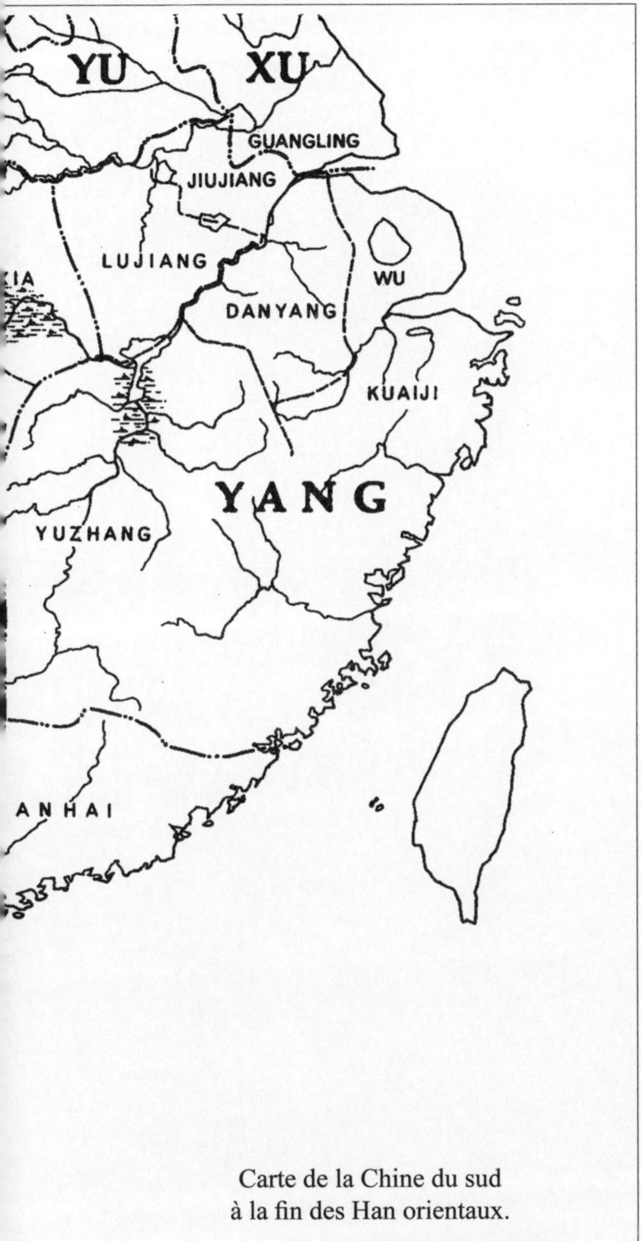

Carte de la Chine du sud
à la fin des Han orientaux.

SOMMAIRE

(titres donnés par le traducteur)

NOTE SUR LA PRÉSENTATION DU TEXTE

Le texte présenté ici a été établi en suivant, sauf mention contraire précisée en note, l'édition du *Hongmingji* dans le *Tripiṭaka* coréen (*Jinban Gaoli Dazangjing* 金版高麗大藏經, gravé entre 1236 et 1251). Cette édition comporte un grand nombre de graphies rares ou simplifiées [1], que je n'ai en général pas retenues, préférant donner dans le texte les graphies d'un usage plus courant. En notes ne sont donc indiquées que les variantes ayant une incidence sur le sens donné au texte. Ces variantes se trouvent principalement dans :

- l'édition du *Longxing fojiao biannian tonglun* 隆興佛教編年通論 (*Recueil exhaustif et chronologique de l'enseignement bouddhique composé sous l'ère Longxing*, composé en 1164 par Zuxiu 祖琇, transmis dans le *Tripiṭaka* japonais), désignée par Longxing ci-dessous [2].

1. Ainsi, 卒 est écrit 卆, 竺 est écrit 笁. Parmi les nombreuses graphies simplifiées utilisées dans cette édition, on trouve 尒 pour 爾, 万 pour 萬, 号 pour 號 etc.

2. Cette édition est incomplète, et ne comprend que vingt arguments sur les trente-sept. Le compilateur a organisé son ouvrage de manière chronologique, et cite donc dans le premier *juan* les principaux témoins des débuts de la diffusion du bouddhisme en Chine, en ajoutant parfois ses propres commentaires (*lun* 論). Le *Mouzi* y figure en bonne place, occupant la majeure partie de ce premier *juan*. Dans son commentaire, l'éditeur rappelle que le Mouzi fut à l'origine composé de trente-sept arguments, mais qu'il n'a « malheureusement pas pu reprendre le texte dans sa totalité » (惜其書不能備載)。聊取二十篇輔成通論。大抵世之惑也者。雖世尊在世尚莫能無矧。今去聖逾二千載。欲天下之廓廓皆正信。其可得哉。雖然。是書正不可不以垂世也。Selon Léonard Aurousseau, l'éditeur se serait basé sur des critères d'authenticité

- l'édition plus courante du *Hongmingji* dans le *Pingjinguan congshu* 平津館叢書, compilé par le grand philologue Sun Xingyan 孫星衍 [1753-1818]), désignée par Pingjinguan ci-dessous.

---

pour supprimer tel ou tel passage. C'est une hypothèse séduisante, car les passages supprimés dans cette édition sont bien ceux qui posent le plus de problèmes de datation. On peut cependant aussi penser que ces passages présentaient de nombreux parallèles dans d'autres textes, et que l'éditeur a voulu supprimer ce qui lui est apparu comme des doublons. Ou encore, comme l'éditeur semble donner plus d'importance au contenu polémique du *Meou-tseu* qu'à son contenu doctrinal (qui est effectivement assez mince), il est encore plus probable qu'il ait sélectionné les vingt passages qui lui semblaient présenter les arguments les plus efficaces pour rectifier les erreurs commises par les contempteurs du bouddhisme. De ce point de vue, la vie du Bouddha, qui intéresse au plus haut point les commentateurs récents du *Meou-tseu*, est peut-être moins intéressante du point de vue de ce compilateur, surtout si en son temps circulaient de nombreuses autres versions plus ou moins proches de sa vie.

MAÎTRE MEOU

DIALOGUES POUR DISSIPER LA CONFUSION

牟子 理惑論

牟子既修經傳諸子，書無大小靡不好之。雖不樂兵法，然猶讀焉。雖讀神仙不死之書，抑而不信，以為虛誕。是時[1]靈帝崩後，天下擾亂。獨交州差安。北方異人咸來在焉。多為神仙辟穀長生之術，時人多有學者[2]。牟子常以五經難之，

1. 是時 : Longxing donne 會.
2. 時人多有學者 : Cette expression est absente du Longxing.

[PRÉFACE]

Meou-tseu maîtrisait les Classiques, leurs commentaires ainsi que les écrits des divers maîtres. Son intérêt s'étendait à tous les textes, qu'ils soient majeurs ou non. Il lisait aussi les ouvrages traitant de l'art militaire bien qu'il ne les goûtât guère. Il avait même étudié les textes sur les immortels et les techniques de longue vie, mais les critiquait et ne leur accordait aucune créance, les considérant comme absurdes et vains. À cette époque qui suivit la mort de l'empereur Ling[1], l'empire sombrait dans le chaos. Seule la région de Jiaozhou[2] connaissait un certain calme, et les hommes exceptionnels des régions du Nord venaient tous s'y installer. Parmi eux, beaucoup s'adonnaient aux techniques des immortels, de l'abstinence de céréales et de longue vie. Nombreux furent ceux qui se mirent alors à leur école. Meou-tseu quant à lui les combattait sans

1. *r.* 168-189.

2. L'appellation de Jiaozhou pour cette région recouvrant les actuels Guangxi, Guangdong ainsi que le nord du Vietnam est adoptée officiellement en 203, et un gouverneur est désormais mis à sa tête, qui remplace l'ancien inspecteur (*cishi* 刺史), comme c'est le cas de plusieurs régions à la fin des Han orientaux : dans les faits, l'inspecteur a un rôle de surveillance mais n'a pas de pouvoir exécutif, à la différence des chefs des commanderies. En revanche, le retour d'un gouverneur signifie qu'à la tête de la région est désormais placé un pouvoir exécutif. Elle était auparavant désignée par le nom de Jiaozhi, qui était également le nom d'une des commanderies composant cette région, d'où la possibilité de confusion car les deux appellations ont pu coexister avant la réforme officielle du statut de la région. Sous les Han orientaux, elle compte sept commanderies et sa capitale se trouve à Guangxin dans la commanderie de Cangwu.

道家術士莫敢對焉。比之於孟軻距楊朱墨翟[3]。先是時[4]牟子將母避世交趾[5]。年二十六歸蒼梧娶妻。太守聞其守學, 謁請署吏。時年方盛, 志精於學。又見世亂, 無仕宦意。竟遂[6]不就。是時諸州郡[7]相疑隔塞不通。太守以其博學多識, 使致敬荊州。牟子以為榮爵易讓, 使命難辭, 遂嚴當行。會被州牧優文處士辟之,

3. 比之於孟軻距楊朱墨翟 : Cette expression est absente du Longxing.
4. 先是時 : Longxing donne 先是.
5. Le Longxing ne mentionne pas 交趾.
6. 竟遂 : Longxing donne竟.
7. 諸州郡 : Longxing donne 州郡.

répit à l'aide des Classiques, et aucun de ces magiciens taoïstes n'osait lui tenir tête. En cela, il était comparable à Mencius réfutant les doctrines de Yang Zhu et de Mo Di[3].

Auparavant, Meou-tseu avait fui avec sa mère les troubles du temps à Jiaozhi. À vingt-six ans, il rentra à Cangwu[4] prendre épouse. L'administrateur de la commanderie [de Cangwu[5] ?] entendit parler de son ardeur à l'étude et vint l'inviter à entrer à son service comme secrétaire. Meou-tseu était alors dans la pleine force de l'âge, et son désir était d'approfondir sa science. Le désordre qu'il voyait autour de lui le décourageait de s'engager. Enfin, il déclina cette offre. À cette époque, la défiance régnait entre les régions et les commanderies, et les communications étaient coupées de l'une à l'autre. L'administrateur souhaita mettre à profit les connaissances encyclopédiques de Meou-tseu et l'envoyer manifester son respect au gouverneur de la région de Jingzhou[6]. Meou-tseu avait pu facilement refuser une place honorable, mais il lui semblait plus difficile de refuser une mission. Aussi se préparait-il à partir en voyage lorsqu'il fut invité par le gouverneur de Jiaozhou[7], qui prisait les ermites érudits, à se réfugier auprès

3. Voir le trente-troisième argument.

4. Cangwu dans la région de Jiaozhou est donc son lieu de naissance.

5. Il pourrait s'agir de Shi Huang 史璜, dont le nom apparaît une fois dans le *Sanguo zhi* 三國志, qui mentionne son titre de *taishou* de Cangwu, et sa mort aux environs de 204. Il est proche de Shi Xie 士燮 qui est *taishou* de Jiaozhi et réputé pour réunir autour de lui de brillants lettrés.

6. Une telle mission montre que malgré la relative paix régnant encore dans la région, elle connaissait un désordre administratif se traduisant dans les faits par un morcellement des régions voire des commanderies : l'administrateur d'une commanderie envoie ce qui apparaît presque comme une ambassade vers la région de Jingzhou, et de plus sans apparemment que la décision ne soit prise par le gouverneur de la région de Jiaozhou dont relève la commanderie.

7. Grâce au recoupement avec le récit de l'assassinat d'un frère du gouverneur de Jiaozhou dans le *Hou Han shu* 後漢書 et avec la mention de son subordonné Liu Yan 劉彥 dans le *Sanguo zhi*, il est possible de déduire comme le fait Paul Pelliot que le gouverneur de l'époque était Zhu Fu 朱符 (originaire de Guiji, mort à la fin des années 190 suite à une révolte locale contre son gouvernement). Voir *Sanguo zhi*, « Documents de Wu », *juan*

復稱疾不起[8]。牧弟為豫章太守,為中郎將笮融所殺。時牧遣騎都尉劉彥,將兵赴之。恐外界相疑,

8. 遂嚴當行・會被州牧優文處士辟之,復稱疾不起 : Ce passage est absent du Longxing. Il donne donc le texte suivant : 使命難辭・會牧弟為豫章太守…

de lui[8]. Meou-tseu prétexta donc une maladie et ne partit pas en mission. Or, le frère cadet du gouverneur de Jiaozhou qui était administrateur de Yuzhang[9] fut assassiné par le général de la garde Zhai Rong[10]. Le gouverneur envoya alors pour le pourchasser une armée dirigée par le commandant de cavalerie Liu Yan[11]. Il craignait cependant qu'en raison de la défiance

---

49 et *juan* 53, p. 1191-1192 et p. 1252. Il lui est donné le titre d'inspecteur (*cishi* 刺使), alors qu'ici lui est donné le titre de *mu* 牧. Les deux titres sont parfois utilisés l'un pour l'autre. Son successeur, Zhang Jin 張津, après s'être illustré à la capitale comme membre du parti des lettrés hostiles au pouvoir des eunuques, eut d'abord aussi le titre d'inspecteur de Jiaozhi, puis obtint plus tard le titre de gouverneur du Jiaozhou. Il essaya d'étendre son influence au Jingzhou (où régnait Liu Biao 劉表) en s'appuyant sur des rituels et des règles ésotériques (peut-être assez proches du *Taiping jing*). Il fut tué dans une mutinerie en 204 au plus tard.

8. Cela pourrait être une manière de réaffirmer son autorité. On comprend dès lors le retrait de Meou-tseu comme une conscience du danger à se trouver entre deux autorités en conflit.

9. La commanderie de Yuzhang se trouve dans la région limitrophe au nord-est du Jiaozhou, le Yangzhou.

10. Si le personnage assassiné est bien Zhu Hao 朱晧, frère de Zhu Fu, l'événement eut lieu en 195 (voir Rafe de Crespigny, *A Biographical Dictionary of Later Han to the Three Kingdoms (23-220 AD)*, Leyde-New York, Brill, 2007, p. 1159). L'assassin, Zhai Rong 笮融, personnage apparemment peu recommandable, est aussi mentionné dans le *Hou Han shu* pour être l'un des premiers grands dignitaires à manifester sa dévotion pour le bouddhisme : en effet, lorsqu'il fut accueilli avec plusieurs centaines de ses proches par Tao Qian 陶謙, le gouverneur de Xuzhou 徐州, il profita des revenus tirés des trois commanderies mises sous sa tutelle pour faire construire un grand temple comprenant une statue en cuivre recouvert d'or (坐斷三郡委輸以自入。乃大起浮圖祠，以銅為人，黃金塗身) et pouvant accueillir plus de trois mille dévots. Suite aux attaques de Cao Cao 曹操 contre le Xuzhou, Zhai Rong s'enfuit avec ses fidèles à Guangling 廣陵 d'abord, dont il tua le gouverneur (*taishou* 太守) Zhao Yu 趙昱, puis à Yuzhang 豫章, dont le gouverneur Zhu Hao connut le même sort (*HHS*, *juan* 73, p. 2368 et *Sanguo zhi*, « Documents de Wu », p. 1185). L'identité de ce personnage est également documentée dans le *Hou Han shu*, « Biographie de Zhu Jun » 朱儁傳 (*juan* 71, p. 2313) : « Le fils de Zhu Jun s'appelait Zhu Hao, et était aussi pourvu de talent. Il parvint jusqu'au poste de gouverneur (*taishou*) de Yuzhang. »

11. Il est assez troublant que n'apparaisse que le nom de Liu Yan, et non celui de ses supérieurs (à moins que ceux-ci ne soient considérés comme trop bien connus). On retrouve Liu Yan dans le *Sanguo zhi*, « Documents de Wu », *juan* 53, p. 1252 : il y apparaît bien comme l'un des subordonnés de

兵不得進，牧乃請牟子曰[9]：「弟為逆賊所害。骨肉之痛憤發肝心。當遣劉都尉行，恐外界疑難行人不通。君文武兼備，有專對才。今欲相屈之。零陵桂陽假塗於通路何如？」牟子曰：「被秣服[10]櫪見遇日久。列士忘身期必騁效。」遂嚴當發。會其母卒亡，遂不果行。久之退念，以辯達之故輒見使命。方世擾攘非顯己[11]之秋也。乃歎曰[12]：「老子絕聖棄智，修身保真，萬物不干其志，天下不易其樂。天子不得臣，諸侯不得友，故可貴也。」於是銳志於佛道，

9. 牧乃請牟子曰 : Longxing donne 乃謂牟子曰.

10. Pingjinguan : 伏.

11. Je ne suis pas ici l'édition coréenne, qui donne : 已.

12. 牟子曰：「被秣服櫪見遇日久。列士忘身期必騁效」遂嚴當發，會其母卒亡，遂不果行。久之退念，以辯達之故輒見使命。方世擾攘非顯己之秋也。乃歎曰 : Longxing donne un texte sensiblement différent : 牟子重違其意，諾之。適其母卒，遂不果行。久之歎曰.

régnant aux frontières, ses troupes ne puissent passer. Il invita donc Meou-tseu en ces termes : « Mon frère cadet a été assassiné par un traître, la douleur de ma chair déchire mon cœur et mes entrailles. Je dois envoyer Liu Yan [châtier le coupable] mais je crains que les troupes ne puissent passer les frontières de la région. En vous se trouvent complètes les vertus civile et martiale, et vous avez la capacité de répondre juste lors d'une mission[12]. Je souhaiterais donc vous prendre à mon service et vous envoyer à Lingling et à Guiyang[13] demander le droit de passer sur les routes d'accès [à Yuzhang]. » Meou-tseu répondit : « Cela fait longtemps que vous m'accordez votre considération et veillez à m'entretenir. Quand est venu le moment pour un lettré courageux d'oublier sa personne, il doit agir sans attendre. » Et il s'apprêtait à partir, lorsque survint la mort de sa mère. Il ne put donc remplir sa mission, et retiré, médita longuement sur les événements : voilà qu'en raison de ses talents d'orateur, il avait été chargé de diverses missions. Pourtant il n'était vraiment pas de saison de se mettre en avant alors que le monde était si troublé. Il se dit alors en soupirant : « Laozi rompit avec la sainteté et abandonna l'intelligence, préférant cultiver sa personne et préserver son intégrité. Sa détermination n'était pas troublée par les multiples choses extérieures et il n'aurait pas changé sa joie pour un empire. Nul souverain ne put le faire entrer à son service, nul prince ne put se prévaloir de son amitié. Voilà ce qui le rendait si précieux[14]. » [Considérant cela,] Meou-tseu se voua à l'étude de la Voie du

---

Zhu Fu qui, originaires comme lui de Guiji, ont obtenu un poste élevé grâce auquel ils ont pressuré le peuple.

12. Voir *Entretiens*, XIII, 5. L'expression désigne plus généralement la capacité à utiliser à bon escient ses connaissances rituelles ou textuelles.

13. Deux commanderies faisant partie de la région de Jingzhou, limitrophe au nord de celle de Jiazhou, et à l'ouest de Yangzhou. Ces deux commanderies étant à l'extrême sud de Jingzhou, la route la plus directe pour se rendre à Yuzhang depuis Cangwu supposait en effet de passer par elles.

14. Ce serait selon Henri Maspero (voir « Le songe et l'ambassade de l'empereur Ming », *art. cit.*, p. 102), une citation quasiment exacte du

兼研老子五千文。含玄妙為酒漿,翫五經為琴簧[13]。世俗之徒, 多非之者, 以為背五經而向異道。欲爭則非道, 欲默則不能。遂以筆墨之間, 略引聖賢之言證解之, 名日牟子理惑云。

1. [14]或問曰 : 佛從何出生, 寧有先祖及國邑不, 皆何施行, 狀何類乎 ?

13. 琴簧 : Longxing donne 琴篁.
14. Ce premier argument est absent de l'édition Longxing.

Bouddha[15], tout en affinant sa compréhension des cinq mille mots du *Laozi*. Il buvait la liqueur du Mystère[16] et jouait de la cithare des Classiques. Les hommes du commun critiquaient souvent une telle démarche, disant qu'elle empruntait une voie hétérodoxe et se détournait des Classiques. Polémiquer avec eux aurait été contraire à la Voie, mais rester silencieux était impossible. Alors Meou-tseu se tourna vers l'écriture pour résoudre ces critiques[17], citant à l'appui les paroles des saints et des sages. Le titre de l'ouvrage ainsi conçu fut : *Comment Meou-tseu dissipa la confusion*.

ARGUMENT PREMIER

Quelqu'un demanda[18] : « Où est né l'Éveillé, avait-il des ancêtres et un royaume, quelles furent ses actions et à quoi ressemblait-il[19] ? »

---

commentaire de Heshang gong 河上公 au *Laozi*, ce qui pourrait parler en faveur de ce texte souvent considéré comme apocryphe.

15. Selon cette préface, l'une des raisons pour lesquelles Meou-tseu se tourne vers la Voie du Bouddha semble bien être la volonté de sortir définitivement de la scène politique, et de trouver une nouvelle forme d'« excentricité ».

16. Cette expression désigne probablement la Voie taoïste.

17. Ici se trouve d'emblée dévoilé le procédé littéraire d'écriture d'un dialogue qui n'a pas eu lieu. De même à la fin du texte, dans une sorte de conclusion du débat, l'interlocuteur se montre impressionné par la structure en trente-sept arguments, c'est-à-dire précisément par l'arrangement écrit du dialogue.

18. La première question est introduite par l'expression *huo wen yue* 或問曰 (quelqu'un demanda), puis les suivantes par un simple *wen yue* 問曰. En revanche, le nom de Meou-tseu est toujours mentionné avant les réponses. J'introduirai donc dans la suite de la traduction les questions par un simple tiret, et la réponse par « MEOU-TSEU : ».

19. Ces questions impliquent de composer une biographie classique sur le modèle des « traditions » (*zhuan* 傳) incluses dans le *Shiji* ou le *Hanshu*. Cependant, la réponse de Meou-tseu va d'emblée faire éclater ce cadre traditionnel.

牟子曰：富哉問也！請以不敏，略說其要。蓋聞佛化[15]之為狀也，積累道德數千億載不可紀記。然臨得佛時，生於天竺，假形於白淨王夫人。晝寢夢乘白象，身有六牙，欣然悅之，遂感而孕。以四月八日，從母右脅而生。墮地行七步，舉右手曰：「天上天下靡有踰我者也。」時天地大動，宮中皆明。其日王家青衣復產一兒。廄中白馬亦乳白駒。奴字車匿。馬曰揵陟。王常[16]使隨太子。太子有三十二相八十種好。身長丈六，體皆金色。頂有肉髻，頰車如師子。

15. Pingjinguan : 物化.
16. Pingjinguan : 嘗.

Meou-tseu répondit : « Quelle bonne question ! Permettez-moi d'y répondre succinctement, en dépit de mon défaut d'étude. Il est dit que l'Éveillé se transformant ne prit corps qu'après avoir accumulé la puissance de la Voie pendant plusieurs centaines de milliards d'années. Il est impossible de noter ni de décrire ce temps. Lorsqu'il fut sur le point d'atteindre l'éveil, il naquit à Tianzhu[20] et prit forme dans le giron de l'épouse du roi Śuddhodana[21]. Celle-ci s'endormit en plein jour et rêva qu'elle chevauchait un éléphant blanc à six défenses. Elle se sentit pleine de joie, et par réaction se trouva enceinte. Le huitième jour du quatrième mois, il vint au monde par le côté droit de sa mère. Tombant à terre, il fit sept pas puis leva la main droite en disant : "Nul ne me dépasse, dans le ciel et ici-bas." À ce moment précis, le ciel et la terre s'ébranlèrent violemment, le palais fut envahi de lumière. Le même jour, une esclave de la famille royale donna elle aussi naissance à un fils. Et dans les écuries, une jument blanche mit bas un poulain. L'esclave fut appelé Chandaka[22], et le cheval Kanthaka[23]. Le roi les attacha au service du prince. Le prince présentait trente-deux caractéristiques principales[24] et quatre-vingts caractéristiques mineures[25]. Il était grand, d'une taille de six *zhang*, et son corps était tout doré. Son crâne était surmonté d'un chignon[26], et sa mâchoire était pareille à celle d'un lion.

20. Ancienne dénomination de l'Inde. Le terme sanskrit *Indu* est parfois aussi transcrit en chinois *shendu* 身毒 ou 身篤.

21. Baijing 白净.

22. Juni 車匿.

23. Jianzhi 揵陟.

24. *Xiang* 相 : ces caractéristiques physiques distinguant le Bouddha du commun des hommes comprennent par exemple les pieds bien plats avec de longs orteils, quarante dents, blanches et solidement implantées, la peau dorée, du duvet blanc entre les sourcils…

25. *Hao* 好 : ces caractéristiques complémentaires des précédentes sont à la fois physiques et morales, et provoquent la joie chez qui les contemple, par exemple le calme de la tenue, le visage pur et plein comme la lune, le nombril bien formé, le son de la voix très clair, la langue rouge…

26. Ou d'une excroissance selon les sources. Le terme sanskrit est *uṣṇīṣa*.

舌自覆面，手把千輻輪。項[17]光照萬里。此略說其相[18]。年十七王為納妃，鄰國女也。太子坐則遷座，寢則異床。天道孔明陰陽而通，遂懷一男，六年乃生。父王珍偉太子，為興宮觀。妓女寶玩並列於前。太子不貪世樂，意存道德。年十九四月[19]八日夜半呼車匿勒揵陟跨之。鬼神扶舉飛而出宮。明日廓然不知所在，

17. Pingjinguan :頂.

18. Variante du *Taiping yulan*, *juan* 653, p. 2918 : 或問曰 : 佛從何而生 ? 寧有先祖 ? 牟子曰 : 佛生天竺, 假形王家, 父曰白淨, 夫人字曰淨妙 · 四月八日, 佛精從天來 · 夫人晝寢, 夢見乘象六牙, 欣然悅之, 遂感而孕 · 因以八日從母右脅而生, 太子有三十二相八十種好, 頰如師子, 皮不受塵水, 手足皆鈎鎖, 毛悉向上.

19. Pingjinguan : 二月.

Sa langue pouvait recouvrir son visage, ses mains étaient aussi larges que des roues à mille rayons. Sa nuque diffusait la lumière sur dix mille lieues. Voici ce que l'on peut dire rapidement de son apparence. À l'âge de dix-sept ans, le roi son père lui donna une épouse qui était la fille d'un pays voisin. Le prince déplaçait son siège loin d'elle lorsqu'il s'asseyait, et dormait dans un lit séparé. Mais la Voie céleste est subtile, Yin et Yang communiquent et la princesse porta un garçon, qui ne naquit qu'au bout de six ans. Le roi, qui adorait son héritier, éleva pour lui un palais, disposa devant lui danseuses et trésors. Mais le prince n'avait aucun désir pour les joies du siècle, toute son attention était tournée vers la Voie et sa puissance. Au huitième jour du quatrième mois de l'année de ses dix-neuf ans, il demanda à Chandaka d'atteler son cheval en plein milieu de la nuit. Il sortit du palais comme porté dans son vol par des esprits. Le lendemain, l'affliction régnait : nul ne savait où il était parti[27].

27. Selon les biographies indiennes du Bouddha, c'est à l'âge de vingt-neuf ans qu'il quitta sa vie de prince. On retrouve cet âge de dix-neuf ans mentionné dans la biographie du Bouddha traduite par Zhiqian 支謙 dans son *Taizi ruiying benqi jing* 太子瑞應本起經 (achevé dans le royaume de Wu 吳, sous l'ère Huangwu 黃武, entre 222 et 228). De manière générale, cette première partie de la biographie du Bouddha, jusqu'à sa fuite hors du palais, présente de nombreux parallèles avec le *Taizi ruiying benqi jing*. Henri Maspero et Fukui Kōjun considèrent tous les deux qu'il faudrait donc dater la composition du *Meou-tseu* du début du royaume de Wu (après 220) et non de la fin des Han orientaux (vers 195), ce qui signifierait également qu'il ne s'agit pas d'un texte de jeunesse, mais d'un texte de la maturité. Je suivrais pour ma part l'argument « interne » de Paul Pelliot qui est le suivant : si le *Meou-tseu* avait été composé après 220, il serait difficile de comprendre pourquoi la « préface » autobiographique raconte avec force détails des événements datant de 194 et 195, en passant sous silence tous les événements qui auraient pu survenir ensuite. De plus, selon Zhisheng 智昇 (dynastie Tang) dans son étude bibliographique des écrits bouddhiques, le *Kaiyuan Shijiao lu* 開元釋教錄, il s'agit alors déjà de la quatrième traduction ; il est donc tout à fait possible, d'un point de vue chronologique et géographique, que le *Meou-tseu* s'appuie sur une version antérieure de cette traduction pour proposer sa biographie du Bouddha : voir Matsumoto Bunzaburō 松本文三郎 « *Meou-tseu li huo* zhi shuzuo niandai kao » 牟子理惑之述作年代考, dans Zhang Mantao (éd.), *Sishi'er zhang jing yu Meou-tseu Li huo lun kaobian* 四十二章經與牟子理惑論考辨, Taipei, Dacheng wenhua, 1978, p. 127.

王及吏民莫不歔欷。追之及田，王曰：

未有爾時

禱請神祇

今既有爾

如玉如珪

當續祿位

而去何為

太子曰：

萬物無常

有存當亡

今欲學道

度脫十方[20]

王知其彌堅。遂起而還，太子徑去。思道六年遂成佛焉。

20. Je me suis ici inspirée des remarques de Hu Shi pour mettre en exergue ce beau passage rimé, que l'on ne retrouve pas dans les versions probablement plus tardives de la biographie du Bouddha. *Cf.* Zhang Manshou et *al.*, Sishi'er zhang jing *yu* Mouzi Lihuo lun *kaobian* 四十二章經與牟子理惑論考辨, p. 217.

Le roi et toute sa cour le cherchaient en sanglotant. Ils finirent par le retrouver dans la campagne. Le roi lui dit :

> Avant que de t'avoir,
> Les dieux j'ai implorés,
> Et tu es arrivé,
> Resplendissant de gloire,
> Pourquoi es-tu parti,
> Mon trône à toi promis ?
> Le prince répondit :
> Parmi les êtres aucun ne dure.
> Ce qui est là bientôt n'est plus.
> Je dois suivre le Chemin
> Et libérer les dix orients.

Le roi sentit la profondeur de sa détermination et se leva donc pour repartir. Le prince reprit sa route. Méditant sur la Voie pendant six ans, il devint l'Éveillé.

所以孟夏之月生者,不寒不熱,草木華英,釋狐裘衣絺絃[21]。中呂之時也。所以生天竺者,天地之中處其中和也。所著經凡有十二部,合八億四千萬卷。其大卷萬言以[22]下,小卷千言已上。佛授教[23]天下度脫人民。因以二月十五日,泥洹而去[24]。其經戒續存。履能行之,亦得無為,福流後世。

21. Pingjinguan : 綌.
22. Pingjinguan : 已.
23. Pingjinguan : 教授.
24. Le *Yuzhu baodian* 玉燭寶典 de Du Taiqing 杜台卿 (dyn. Sui) présente au chap. 4 comme une citation du *Mouzi* une version de ce texte qui est pour le moins condensée (éd. *Gu Yi congshu* 古逸叢書, vol. 2, Nanjing, Jiangsu guiji chubanshe, 2002, p. 448) : 或問曰 : 佛從何生, 所出寧有先祖及國邑, 皆何施, 狀何類乎 ? 子曰 : 臨得佛時, 生於天竺, 假形王家, 父名白淨, 夫人曰妙 · 四月八日從母右脅生, 娶鄰國之女, 六年, 生男, 字曰羅雲 · 父王珍重太子, 甚於日月 · 到年十九四月八日夜半, 寂若不樂, 遂飛而起, 頓於王田, 休於樹下 · 明日, 王及吏民莫不歔欷, 千乘萬騎, 出城而追 · 日出方盛, 光耀奕奕, 樹為低枝, 不令身炙 · 太子入出山入六年, 思道不食, 皮骨相連, 四月八日, 遂成佛焉 · 因二月十五日過世, 泥洹而去.

S'il est né en un mois du début de l'été, c'est qu'il n'y fait ni froid ni chaud, les plantes et les arbres resplendissent et fleurissent. Les épaisses fourrures sont abandonnées pour des vêtements de toile fine. C'est le moment du sixième *lü* central[28]. S'il est né à Tianzhu, c'est que ce lieu se situe au centre du ciel et de la terre, et réside au centre harmonieux[29]. Il composa douze ensembles de *Sūtra*[30] qui rassemblent huit cent quarante millions de rouleaux, dont les plus longs comprennent moins de dix mille mots et les moins longs plus de mille mots. L'Éveillé enseigna au monde et libéra les hommes, puis au quinzième jour du deuxième mois, il entra en *nirvāṇa*[31] et s'en fut. Ses *Sūtra* et ses règles[32] furent transmis, et si l'on est capable de les mettre en pratique, on peut également atteindre l'état de *wuwei*[33] et apporter la félicité aux générations suivantes.

---

28. Il s'agit du sixième tube parmi les douze tubes sonores qui définissent la gamme ancienne. Il correspond au quatrième mois (*mengxia* 孟夏) de l'année, le début de l'été.

29. Sur la centralité de l'Inde, voir le quatorzième argument.

30. Le terme *jing* 經, qui désigne traditionnellement le corpus des Classiques (au nombre de cinq, six ou sept) rattachés de manière plus ou moins directe à la figure fondatrice de Confucius, s'est trouvé parfaitement adapté pour désigner les textes sacrés porteurs de l'enseignement du Bouddha. Je traduis donc ce terme par le terme sanskrit *Sūtra*. Cependant, comme le souligne Roger Corless, certains textes qui n'entrent pas dans la catégorie des *Sūtra* ont parfois pu être désignés par le terme chinois de *jing* : voir Roger Corless, « The Meaning of *Ching (Sûtra?)* in Buddhist Chinese », *Journal of Chinese Philosophy*, vol. III, nº 1, 1975, p. 67-72.

31. *Nihuan* 泥洹. Le terme utilisé ici est une transcription phonétique. Par la suite, Meou-tseu utilise fréquemment la notion de *wuwei* 無為 (conventionnellement traduite par « non-agir » en français) qui est l'une des traductions sémantiques adoptées pour traduire la notion de *nirvāṇa* (il en existe d'autres, comme « extinction » *mie* 滅, « extinction et passage » *miedu* 滅度, « extinction complète » *jimie* 寂滅, « non-naissance » *busheng* 不生, « joie en paix » *anle* 安樂, « libération » *jietuo* 解脫).

32. Les cinq interdits (*wu jie* 五戒) : ne pas tuer, ne pas voler, ne pas mentir, ne pas sombrer dans la débauche, ne pas boire de l'alcool.

33. Cette expression, qui a pris un contenu philosophique extrêmement élaboré dans les textes rattachés au courant taoïste, sera utilisée dans un premier temps de la traduction des *Sūtra* bouddhiques en chinois pour traduire la notion de *nirvāṇa*. Il semble ici que l'interlocuteur ne fasse pas référence de manière

持五戒者,一月六齋。齋之日專心一意,悔過自新。沙門持二百五十戒,日日齋。其戒非優婆塞所得聞也。威儀進止與古之典禮無異。終日竟夜講道誦經,不預世事。老子曰:「孔德之容,唯道是從。」其斯之謂也[25]。

2. 問曰:何以正言佛?佛為何謂乎?

牟子曰:佛者號謚也,猶名三皇神五帝聖也[26]。佛乃道德之元祖,神明之宗緒。佛之言覺也。

25. Pingjinguan :乎.

26. Variante du *Yuzhu baodian* (*Gu Yi congshu*, vol. 2, p. 453) : 佛者號謚也・猶若三皇五帝.

Ceux qui respectent les règles jeûnent six fois par mois et pendant ces jours de jeûne se maintiennent dans un état de concentration, se repentissent de leurs erreurs et se renouvellent. Les *śramaṇa* (moines bouddhistes)[34] suivent quant à eux deux cent cinquante règles et jeûnent tous les jours. Leurs règles ne peuvent être dévoilées aux pratiquants laïcs[35]. Leur prestance et leur tenue, leurs principes d'action ne diffèrent en rien des anciens rites. Jour et nuit, ils étudient la Voie et récitent les *Sūtra*, ne se mêlant pas des affaires du temps. Laozi l'a dit : "Leur vaste vertu englobe tout[36], et c'est ainsi qu'ils ne suivent que la Voie." Ces mots s'appliquent bien ici.

DEUXIÈME ARGUMENT

— Pourquoi l'appelle-t-on justement l'Éveillé (*Fo*), que signifie ce nom[37] ?

MEOU-TSEU : *Fo* est un nom posthume, de la même manière que l'on a nommé "divins" (*shen*) les trois souverains[38] et "saints" (*sheng*) les cinq empereurs[39]. *Fo* est l'ancêtre originel de la Voie et de sa puissance, la lignée principale de la clarté

précise à une notion philosophique bouddhique, mais à une compréhension du *wuwei* comme spontanéité ou désengagement.

34. *Shamen* 沙門, traduction phonétique du terme sanskrit *śramaṇa*.

35. *Youposai* 優婆塞, traduction phonétique du terme sanskrit *upāsaka*.

36. *Laozi*, 21. 河上公 注："孔，大也。有大德之人，无所不容。"

37. Ce passage sur le nom du Bouddha manifeste l'entrelacement des influences pour rendre compte d'une pratique incompréhensible : une appellation sans nom de famille, et dont le sens échappe largement. L'explication par le « nom posthume » fait référence aux titres conférés aux sages souverains de la tradition classique.

38. La liste des trois souverains (*san wang*) varie selon les sources. Ces trois « souverains-inventeurs » sont parfois Fuxi 伏羲, Nüwa 女娲 et Shennong 神農, parfois Suiren 燧人, Fuxi 伏羲 et Shennong 神農.

39. La liste des cinq empereurs varie également, mais elle se termine dans tous les cas avec les deux figures de la transmission du pouvoir par le mérite, Yao 堯 et Shun 舜. Le successeur de Shun, Yu le Grand, fonde la première dynastie fondée sur la transmission héréditaire du pouvoir.

悅惚[27]變化分身散體，或存或亡，能小能大，能圓能方，能老能少，能隱能彰。蹈火不燒，履刃不傷，在汙不辱，在禍無殃，欲行則飛，坐則揚光[28]。故號為佛也。

3. 問曰：何謂之為道，道何類也？

牟子曰：道之言導也。導人致於無為，牽之無前，引之無後，舉之無上，抑之無下，視之無形，聽之無聲。四表為大蜿蜒其外，毫釐[29]為細間關其內。故謂之道。

4. 問曰：孔子以五經為道教，可拱而誦，履而行[30]。今子說道虛無恍惚[31]，不見其意，不指其事，何與聖人言異乎！

牟子曰：不可以所習為重所希為輕，或[32]於外

27. Pingjinguan : 恍惚.
28. 欲行則飛。坐則揚光 : Longxing donne 不行而到，無作而光.
29. 釐 : Longxing donne 氂.
30. 行 : Longxing donne 行之.
31. Pingjinguan et *Tripiṭaka* coréen : 悅惚
32. 或 : Longxing donne 惑.

spirituelle. *Fo* signifie Éveillé. Soudain, il se transforme, son corps se disperse, il est là tout en étant absent. Il peut devenir minuscule comme s'agrandir, il peut être rond ou carré, âgé ou jeune, voilé ou manifeste. Il peut marcher sur le feu sans être brûlé, fouler des lames sans être blessé. Dans la boue, il n'est pas humilié, dans le malheur, il ne subit nulle corruption, lorsqu'il se met en marche, il s'envole, lorsqu'il demeure assis, il rayonne. C'est ainsi que le nom d'Éveillé lui fut donné.

TROISIÈME ARGUMENT

— Pourquoi parlez-vous de Voie à son propos ? De quelle catégorie relève-t-elle ?

MEOU-TSEU : On parle de "Voie" (*Dao*) parce qu'elle nous "mène" (*dao*). Elle nous mène jusqu'au *wuwei*, nous entraîne là où n'est plus rien devant nous, nous attire là où n'est plus rien derrière nous, nous élève là où n'est plus rien au-dessus, nous plonge là où n'est plus rien en dessous, nous fait voir le sans-forme, nous fait entendre le sans-son. Elle se déroule au-delà de l'immensité des quatre orients, elle se glisse au creux de l'infime pointe d'une plume. C'est ainsi qu'elle se nomme Voie.

QUATRIÈME ARGUMENT

— La Voie enseignée par Confucius réside dans les Cinq Classiques. Mains jointes, on peut les réciter, pas à pas on peut les mettre en pratique. Quant à la Voie dont vous nous parlez, elle est vide et trouble. Il est impossible d'en saisir une idée ou de s'en inspirer pour agir. Pourquoi s'éloigne-t-elle ainsi de la doctrine formulée par les sages ?

MEOU-TSEU : Il n'est pas juste de ne priser que ce qui nous est familier et de considérer de haut l'insolite, de se

類失於中情。立事不失道德,猶調絃不失宮商。天道法四時,人道法五常[33]。老子曰:有物混成先天地生,可以為天下母。吾不知其名,強字之曰道。道之為物,居家可以事親,宰國可以治民,獨立可以治身。履而行之充乎天地,廢而不用,消而不離。子不解之,何異之有乎?

33. Pingjinguan : 無常

fourvoyer dans les apparences et de perdre la réalité intérieure des choses. Ne pas s'écarter de la Voie et de sa vertu dans nos activités est comparable à ne pas perdre les notes *gong* et *shang* dans l'accord d'un instrument[40]. La Voie du ciel se règle sur les quatre saisons, la Voie de l'homme se règle sur les cinq constantes[41]. Pour reprendre les mots de Laozi, "il est une chose mêlée qui est née avant le ciel et la terre. On peut dire qu'elle est la mère du monde, mais je ne connais pas son nom ; s'il fallait absolument lui donner une appellation, je l'appellerais : Voie[42]". La Voie en tant que chose permet de servir ses parents lorsque l'on est au foyer, de gouverner le peuple lorsque l'on dirige un pays et, lorsque l'on est seul, elle permet de gouverner sa personne. Si l'on y chemine, elle emplit le ciel et la terre[43]. Si on la rejette sans en faire usage, elle disparaît sans vraiment partir. Voici ce que vous ne comprenez pas : à quoi bon faire de telles différences ?

---

40. Meou-tseu articule ici deux passages tirés du début du chapitre « Shu shi » 術事 des *Nouveaux discours* de Lu Jia (*Xinyu*) : « Les hommes vulgaires de notre temps […] se fourvoient dans les apparences extérieures et perdent la réalité intérieure des choses » (惑於外貌，失於中情) ; et, plus loin « dans vos activités, ne vous éloignez pas de la Voie et de sa vertu ; quand vous accordez un instrument, ne perdez pas les notes *gong* et *shang*. La Voie du Ciel harmonise les quatre saisons ; la Voie de l'homme règle les cinq constantes » (立事者不離道德, 調弦者不失宮商，天道調四時，人道治五常). Voir Stéphane Feuillas, Béatrice L'Haridon (trad.), *Lu Jia Xinyu, Nouveaux discours*, *op. cit.*, p. 18-19.

41. L'édition Pingjinguan lit : « la Voie de l'homme se règle sur l'impermanent ».

42. Ce qui se présente ici comme une citation du *Laozi* ne correspond pas tout à fait au texte transmis. Voir *Laozi*, 25 : « Il est une chose mêlée qui est née avant le ciel et la terre. Solitaire, désolée, se tenant seule sans changer, tournant sans s'épuiser. On peut dire qu'elle est la mère du ciel et de la terre, mais je ne connais pas son nom, je l'appelle : Voie ; et s'il fallait absolument lui donner un nom, je la nommerais : Grande. » 有物混成，先天地生。寂兮寥兮，獨立而不改，周行而不殆，可以為天地母。吾不知其名，字之曰道，強為之名曰大。

43. Expression qui reprend la définition du « Qi débordant » 浩然之氣 de Mencius.

5. 問曰：夫至實不華，至辭不飾。言約而至者麗，事寡而達者明。故珠玉少而貴，瓦礫多而賤。聖人制七經之本，不過三萬言，眾事備焉。今佛經卷以萬計，言以億數。非一人力所能堪也。僕以為煩而不要矣[34]。

34. Taiping yulan, *juan* 803, p. 3565 : 珠玉少而貴，凡屬多而賤・聖人七經而已，佛遂萬億言，恐煩而無當也.

CINQUIÈME ARGUMENT

— L'authenticité suprême ne se répand pas en ornements, l'expression accomplie n'a nul besoin de parures. Les paroles sont belles en ce qu'elles touchent au but en restant concises, l'activité est judicieuse en ce qu'elle est économe tout en portant loin. Ainsi, perles et jades sont aussi précieux que rares alors que tuiles et graviers sont aussi peu prisés qu'ils sont nombreux. Les fondements des Sept Classiques établis par le Sage (Confucius)[44] ne dépassent pas trente mille mots et englobent complètement les multiples activités humaines. Or, les *Sūtra* du Bouddha se comptent par dizaines de milliers de rouleaux, et contiennent des centaines de millions de mots. Nul homme n'aurait la force d'en venir à bout. Ainsi, je tiens cet enseignement pour redondant et manquant le principal[45].

---

44. Ces deux textes considérés par Meou-tseu comme étant écrits par Confucius lui-même sont les *Printemps et Automnes* (*Chunqiu* 春秋) et le *Classique de la Piété filiale* (*Xiaojing* 孝經).

45. Ce type de reproche fut déjà formulé en des termes très proches à l'encontre des Classiques confucéens par des lettrés séduits par la concision du verbe du *Laozi*. Voir *Fayan*, II, 15 : « "Exercé depuis l'enfance, vieillard chenu toujours confus", en quoi l'enseignement de Confucius est-il aisé ? » (Béatrice L'Haridon [trad.], *Yang Xiong, Maîtres mots*, Paris, Les Belles Lettres, 2010, p. 19) ; *Hanshu*, *juan* 30, p. 1723 : « Pour commenter une expression de cinq caractères, on en arrivait à employer plusieurs dizaines de milliers de mots. Par la suite, tous s'engouffrèrent dans cette voie, et c'est ainsi que celui qui s'attache depuis son enfance à l'étude d'un Classique ne commence à pouvoir en parler qu'une fois tête chenue. » À tout le moins pouvait-on espérer être parvenu au bout de l'étude d'un des Classiques à un âge avancé. Avec la littérature bouddhiste, une telle perspective n'est plus envisageable. Sur ce point, John P. Keenan (*How Master Mou Removes Our Doubts*, *op. cit.*, p. 75) souligne de manière trop univoque le contraste entre la langue classique chinoise idéographique, non morphologique, marquée par la concision, et la langue sanskrite alphabétique, avec ses inflexions, sa grammaire, ses longues périodes. L'argument en faveur de la concision, opposée à la verbosité et à l'ornement, est déjà bien établi avant l'introduction du bouddhisme. Il n'est donc pas du tout certain que l'interlocuteur fasse référence à une quelconque opposition entre langues chinoise et sanskrite. En revanche, il est certain que la littérature bouddhique a dû sembler encore plus

牟子曰：江海所以異於行潦者，以其深廣也。五岳所以別於丘陵者，以其高大也。若高不絕山阜，跛羊凌其顛[35]。深不絕涓[36]流，孺子浴其淵。騏驥[37]不處苑囿之中，吞舟之魚不遊數仞之溪。剖三寸之蚌，求明月之珠，探枳棘之巢，求鳳皇之雛，必難獲也[38]。何者？小不能容大也。佛經前說億載之事，卻道萬世之要。太素未起，太始未生，乾坤肇興，其微[39]不可握，其纖不可入。佛悉彌綸其廣大之外，剖折其窈妙之內，靡不紀之。故其經卷以萬計，言以億數。多多益具，眾眾益富，何不要之有？雖非一人所堪，譬若臨河飲水飽而自足。焉知其餘哉[40]！

35. 顛 : Longxing donne 巔.

36. 涓 : Longxing donne 消.

37. 騏驥 : Longxing donne 騏麟.

38. Passage cité par Shi Degui 釋德珪 (dynastie Song) dans son *Beishan lu suihan* 北山錄隨函 (*in Mouzi congcan xinbian* 牟子叢殘新編, p. 142-143) : 彼問曰：至寶不華，至言不飾，言約而至者麗，事寡而達者明，故珠玉少而貴，瓦礫多而賤。聖人制七經，不過三萬餘言，眾事備焉。今佛經卷以萬計，言以億數。非以人力所堪也，是煩而不要也。牟子曰：江海異於行潦者，以深廣也。山岳別於丘陵者，以高大也。若高不絕丘阜，則跛羊凌其顛，若深不絕涓流，則孺子浴其淵。故騏驥不處苑囿之中，吞舟之魚不游數仞之溪。剖三寸之蚌，求明月之珠，採枳棘之巢，求鳳皇之雛，必難獲也.

39. 其微 : Longxing donne 其徵.

40. Passage cité par Shenqing 神清 dans son *Beishan lu* 北山錄 (compilé en 806), *juan* 2 (*in Fozang yaoji xuankan* 佛藏要籍選刊, Shanghai, 1994,

MEOU-TSEU : Fleuves et mers se différencient des ruisseaux par leur profondeur et leur étendue. Les cinq pics[46] se différencient des collines par leur altitude et leur grandeur. S'ils ne s'élevaient pas loin au-dessus des autres sommets, un mouton boiteux pourrait gravir leurs cimes. Si fleuves et mers n'avaient une profondeur incomparable avec celle des cours d'eaux, un petit enfant pourrait y prendre son bain. Les licornes ne résident pas dans un parc fermé, ni les baleines géantes dans un étang. Il est en vérité difficile de trouver une perle de lune en ouvrant une huître minuscule, ou l'oisillon d'un phénix-empereur en explorant un buisson épineux. Pourquoi cela ? Le petit ne peut contenir le grand. Les *Sūtra* du Bouddha rapportent des faits remontant à des centaines de millions d'années, tout en enseignant les principes à l'œuvre pour dix mille générations. Lorsque la grande simplicité n'était point encore parue, le grand commencement point encore advenu, l'Initiateur et le Réceptif émergèrent, si ténus encore qu'ils étaient insaisissables, si subtils qu'ils en étaient impénétrables. Le Bouddha englobe complètement ce qui est au-delà de toute grandeur, tout en analysant jusqu'à l'intérieur du mystère le plus ténu. Il n'est rien qui ne soit noté, et c'est pourquoi les rouleaux [consignant sa doctrine] se comptent par dizaines de milliers, ses mots par centaines de millions. De la démultiplication vient une plus grande exhaustivité, de l'abondance vient une plus grande richesse. Comment [ces textes] pourraient-ils manquer le principal ? Un seul homme ne pourrait certes en venir à bout, mais il en est comme de celui qui apaise sa soif en buvant l'eau d'un fleuve. S'il a pu trouver son contentement, que lui importe qu'il reste encore de l'eau ?

---

abondante que les Classiques et leurs divers commentaires, mais le reproche est resté le même dans le fond en se déplaçant vers le corpus bouddhique.

46. Les cinq pics sacrés (*wu yue* 五嶽) comprennent la montagne Hengshan 恆山 au nord, Taishan 泰山 à l'est, Hengshan 衡山 au sud, Huashan 華山 à l'ouest et Songshan 嵩山 au centre.

6. 問曰 : 佛經眾多, 欲得其要而棄其餘, 直說其實而除其華。

牟子曰 : 否。夫日月俱明各有所照。二十八宿各有所主。百藥並生各有所愈。狐裘備寒絺綌御暑。舟輿異路俱致行旅。孔子不以五經之備, 復作春秋孝經者, 欲博道術恣人意耳。佛經雖多, 其歸為一也。猶七典雖異, 其貴道德仁義

vol. 11, p. 655) : 佛經前說億載之事, 却道萬世之要。太素未兆, 太始未生, 乾坤肇興, 其微不可握, 其纖不可入, 佛悉彌綸其廣大之表, 剖折其窈眇之內, 靡不紀之。故其經卷以萬計, 言以億數, 譬如臨河飲水, 飽而自足, 焉知其餘哉 !

SIXIÈME ARGUMENT

— Les *Sūtra* de l'Éveillé sont trop nombreux. J'aimerais en connaître le principal en laissant de côté le superflu, que vous m'en communiquiez le contenu sans détour en les débarrassant de leurs ornements.

MEOU-TSEU : C'est impossible. Soleil et lune diffusent tous deux leur lumière, chacun en leur temps. Les vingt-huit constellations régissent chacune leur domaine. Les cent plantes médicinales coexistent mais ont chacune leur propre vertu. Les fourrures de renard protègent de la froidure et le lin fin de la chaleur, bateaux et chars empruntent des routes différentes mais permettent tous d'aller jusqu'au bout de son voyage. Confucius n'a pas considéré la complétude des cinq Classiques comme un obstacle à la composition de deux nouveaux textes, les *Printemps et Automnes*[47] et le *Classique de la Piété filiale*[48]. Il voulait étendre le champ des techniques de la Voie et permettre aux hommes de poursuivre diverses visées. Même si les *Sūtra* de l'Éveillé sont nombreux, ils ont une seule et unique préoccupation ; de la même manière que les sept Classiques, pourtant très différents, en reviennent

---

47. Selon John P. Keenan, Meou-tseu entend en fait par là le *Zuozhuan*, l'un des commentaires sur les *Printemps et Automnes*. Cette hypothèse me semble très discutable car, si les *Printemps et Automnes* sont volontiers attribués à Confucius, il n'en est pas de même pour le *Zuozhuan*, attribué à Zuo Qiuming 左丘明.

48. Ce passage reflète une vision inhabituelle du corpus classique. En effet, les cinq Classiques sous les Han comprennent sans aucun doute les *Printemps et Automnes*, aux côtés des *Odes*, des *Documents*, des *Mutations* et des *Rites*. Ce sont les *Entretiens* et le *Classique de la Piété filiale* qui sont parfois adjoints à ce corpus défini, qui s'élève alors à sept Classiques. Or, comme dans l'argument précédent, Meou-tseu semble donner aux *Printemps et Automnes* et au *Classique de la Piété filiale* un statut à part parmi les sept Classiques. Dès lors, les cinq autres Classiques ne comprennent pas les *Printemps et Automnes*, ni les *Entretiens*, mais probablement le *Classique de la Musique*, puisque Meou-tseu considère les cinq Classiques comme un corpus qui existait à l'époque de Confucius et auquel celui-ci aurait ajouté deux œuvres de son propre cru.

亦一也。孝所以說多者，隨人行而與之。若子張[41]子游，俱問一孝，而仲尼答之各異，攻其短也。何棄之有哉！

7. 問曰：佛道至尊至大，堯舜周孔曷不修之乎？七經之中不見其辭。子既耽詩書悅禮樂，奚為復好佛道喜異術，豈能踰經傳美聖業哉？竊為吾子不取也。

牟子曰：書不必孔丘之言，藥不必扁鵲之方。合義者從，愈病者良。君子博取眾善，以輔其身。

41. Longxing donne : 子夏. Selon Aurousseau, cette leçon est meilleure.

tous à mettre en avant la Voie, sa puissance, l'humanité et la justice. Ainsi, [Confucius] avait de nombreuses manières différentes de parler de la piété filiale, car il accordait son enseignement à la manière d'agir de la personne. Tel fut bien le cas des disciples Zizhang et Ziyou, qui tous deux posèrent une question sur ce qu'était la piété filiale, mais reçurent de Confucius des réponses bien différentes, car le maître s'attaquait à leurs faiblesses propres. Pourquoi devrait-on donc laisser de côté ou abandonner quoi que ce soit ?

SEPTIÈME ARGUMENT

— Si la Voie de l'Éveillé est immense et éminente, pourquoi donc Yao, Shun, le duc de Zhou et Confucius ne l'ont-ils pas suivie ? Les sept Classiques n'en disent pas un mot. Vous qui êtes passionné par les *Odes* et les *Documents*, et vous délectez des *Rites* et de la *Musique*, pourquoi vous intéresser à la Voie du Bouddha et vous complaire à des techniques étranges ? Comment pourraient-elles dépasser les Classiques et leurs commentaires et être plus accomplies que l'œuvre de Confucius ? Il n'y a rien là dont vous devriez vous inspirer.

Meou-tseu : Tout texte n'émane pas nécessairement des paroles de Confucius, toute médication ne doit pas forcément être composée selon la recette de Bian Que. Il suffit que le premier soit en accord avec le juste et que la seconde soit efficace pour soigner[49]. L'homme de bien embrasse largement

49. Citation des *Nouveaux discours* de Lu Jia, chap. II « Shu shi » 述事. Le texte transmis présente quelques différences. On trouve en tout cinq citations de ce chapitre II des *Nouveaux discours*. Il s'agit précisément du chapitre où Lu Jia tente de démontrer que toute science et intelligence politiques ne sont pas exclusivement contenues dans les Classiques et la haute Antiquité, et qu'il faut s'appuyer également sur la connaissance des temps récents. Ici, Meou-tseu substitue à cet élargissement temporel un élargissement spatial incluant l'enseignement bouddhique, mais le mouvement d'inclusion est semblable, d'où, il me semble, son intérêt particulier pour ce chapitre.

子貢云：夫子何常師之有乎？堯事尹壽，舜事務成，旦學呂望，丘學老聃，亦俱不見於七經也。四師雖聖，比之於佛，猶白鹿之與麒麟[42]，燕鳥之與鳳凰也。堯舜周孔且猶學之，況[43]佛身相好變化神力無方！焉能捨而不學乎！五經事義或有所闕，佛不見記，何足怪疑哉！

42. Passage cité par Falin 法琳 (572-640) dans son *Bian zheng lun* 辯正論：堯舜周孔，老氏之化，比之於佛，猶白鹿之與麒麟。大正藏，*juan* 55, p. 534.b.

43. 且猶學之。況：Le Longxing donne 且猶與之。呪.

tout ce qui est bon, et c'est ce qui le soutient[50]. Zigong disait de Confucius : "Pourquoi aurait-il eu un seul maître ?" Yao suivit Yinshou et Shun suivit Wucheng[51]. Le duc de Zhou étudia auprès de Lü Wang[52] et Confucius auprès de Laozi. Il n'est rien dit de ces personnages dans les Sept Classiques. Or, même si ces quatre maîtres sont de grands sages, ils ne sont à côté du Bouddha que des cerfs blancs à côté d'une licorne, des hirondelles à côté d'un phénix. Pourtant, Yao, Shun, le duc de Zhou et Confucius ont étudié auprès d'eux, *a fortiori* [auraient-ils étudié auprès du] Bouddha avec ses marques principales et secondaires[53], son don de métamorphose[54] et sa puissance spirituelle infinie ! Les Cinq Classiques[55] se préoccupant avant tout de l'action juste[56], ils présentent des lacunes. Que le Bouddha n'y apparaisse pas ne doit donc pas suffire à nous étonner.

---

50. Cette expression rappelle la métaphore zhuangzienne du bateau qui a besoin d'une vaste étendue d'eau pour la portance, ou la manière dont Mengzi décrit la force de Shun, le fait qu'il ait accédé à la « sainteté » par accumulation, en apprenant de toutes les rencontres, comme une éponge qui se gorge d'eau.

51. On trouve les noms de ces deux mystérieux maîtres dans le *Xinxu* 新序 de Liu Xiang 劉向, chap. v « Za shi » 雜事 : « Yao a étudié auprès de Yinshou et Shun auprès de Wucheng Fu. » 堯學乎尹壽, 舜學乎務成跗.

52. Lü Wang 呂望, également nommé Grand Duc (Taigong 太公), était un membre du clan Jiang 姜. Il se rallia au roi Wen et contribua à la fondation des Zhou en dirigeant les campagnes militaires. Il fut ensuite fieffé à Qi 齊.

53. Voir le premier argument.

54. Ici, la capacité à se transformer apparaît comme l'un des critères de l'excellence humaine/quasi-divine.

55. La manière dont le texte passe sans cesse de l'appellation « cinq Classiques » à celle de « sept Classiques », ici au cours d'un même paragraphe, est très étonnante. D'autant plus que l'on a vu précédemment que les cinq Classiques ne comprenaient pas le *Chunqiu*…

56. Cette affirmation va à l'encontre de la représentation développée à partir des Han antérieurs du corpus des Classiques comme un ensemble complet, un « texte-monde ».

8. 問曰：云佛有三十二相八十種好，何其異於人之甚也？殆富耳之語，非實之云也。

牟子曰：諺云少所見多所怪。睹馲駝言馬腫背。堯眉八彩，舜目重瞳。臯陶馬喙[44]。文王四乳，禹耳參漏，周公背僂，伏羲龍鼻，仲尼反宇[45]，老子日角月玄[46]，鼻有雙柱，手把十文足蹈二五。此非異於人乎？佛之相好奚足疑哉！

44. Longxing : 鳥啄.
45. Pingjinguan :反頨.
46. Longxing : 月懸.

HUITIÈME ARGUMENT

— On dit que le Bouddha présentait trente-deux caractéristiques principales et quatre-vingts caractéristiques mineures. Pourquoi était-il si différent des autres hommes ? Je crois que de tels récits ne sont là que pour réjouir les oreilles, et n'ont rien de véridique.

MEOU-TSEU : Le proverbe dit "Qui a peu vu s'étonne beaucoup." Voyant un chameau, il se demandera quel est ce cheval bossu. Les sourcils de Yao étaient de huit couleurs, les yeux de Shun avaient une double pupille, Gao Yao avait une bouche en forme de bec[57]. Le roi Wen avait quatre seins, les oreilles de Yu le Grand étaient pourvues de trois orifices[58], le duc de Zhou était bossu, Fu Xi avait des naseaux de dragon, le crâne de Confucius présentait un creux au sommet. Laozi avait sur le front une excroissance en forme de soleil d'un côté, et en forme de lune de l'autre[59], son nez avait une double arête, le caractère *shi* (dix) apparaissait sur la paume de ses mains et le caractère *wu* (cinq) sur la plante de ses pieds. Tous étaient donc bien différents des autres hommes ! Qu'y a-t-il d'étonnant dans les marques principales et secondaires du Bouddha ?

57. *wuhui*, mais si on en croit l'édition du *Tripiṭaka* coréen, il s'agit de *mahui*, « en forme de bouche de cheval ». Cela concorde avec le *Baihu tongyi* 白虎通義, chap. « Shengren » 聖人 : « Gao Yao avait la bouche d'un cheval, ce qui veut dire qu'il était parfaitement sincère, clairvoyant lorsqu'il s'agissait de démêler les affaires judiciaires, et profond dans sa connaissance des hommes. » 皋陶馬喙，是謂至誠，决獄明白，察於人情.

58. Voir *Huainan zi* 淮南子, chap. « Xiu wu xun » 脩務訓 : « Les oreilles de Yu étaient pourvues de trois orifices, signes de sa grande pénétration. » 禹耳参漏，是謂大通. Comme pour le Bouddha, ces caractéristiques physiques sont les signes de pénétration et de sagesse exceptionnelles.

59. Ces caractéristiques sont aussi citées dans le *Laozi hua Hu jing* 老子化胡經 (*Taishō* 2139(54).1266a27), texte qui daterait des Jin orientaux et qui décrit comment Laozi s'est mis en route vers l'Inde puis est devenu le Bouddha. La description de Laozi y semble calquée sur la biographie du Bouddha : ainsi il marche neuf pas après sa naissance puis déclare en montrant le ciel et la terre qu'il est l'être le plus vénérable de l'univers.

9. 問曰：孝經言：身體髮膚受之父母，不敢毀傷。曾子臨沒，啟予手啟予足。今沙門剃頭，何其違聖人之語，不合孝子之道也！吾子常好論是非平曲直，而反善之乎！

牟子曰：夫訕聖賢不仁，平不中不智也。不仁不智何以樹德？德將不樹，頑嚚之儔也，論何容易乎？昔齊人乘舡[47]渡江。其父墮水，其子攘臂捽頭，顛倒使水從口出，而父命得蘇[48]。夫捽頭顛倒，不孝莫大，然以全父之身。若拱手修孝子之常，父命絕於水矣。孔子曰：可與適道，未

47. Longxing : 船.
48. Longxing : 甦.

NEUVIÈME ARGUMENT

— Il est dit dans le *Classique de la Piété filiale* : “Notre corps, nos membres, nos cheveux et notre peau sont un don de nos parents. Il ne faut pas y porter atteinte.” Lorsque maître Zeng fut sur le point de décéder, [il dit] : “Voyez mes mains, voyez mes pieds[60].” Or les moines se rasent le crâne. Quel est leur irrespect des paroles du grand saint [Confucius], leur désaccord avec la Voie de la piété filiale ! Vous, cher maître, qui aimez à discuter du vrai et du faux, à juger du courbe et du droit, vous les approuvez pourtant !

MEOU-TSEU : Qui dénigre les sages n’est pas en accord avec le sens de l’humain. Qui n’est pas juste dans ses jugements manque de perspicacité. Comment celui qui manque à la fois de sens de l’humain et de perspicacité pourrait-il s’élever ? Qui ne s’élève pas devient un raisonneur borné, avec lequel il devient difficile de débattre. Il était autrefois un homme de Qi qui prit le bateau pour traverser le fleuve Bleu. Son père tomba à l’eau. Le fils retroussant ses manches lui empoigna la tête et le retournant, fit sortir l’eau de sa bouche. Et c’est ainsi que le père eut la vie sauve. Il n’est rien de plus contraire à la piété filiale que de prendre son père par la tête pour le retourner. Mais il le fit quand même, pour préserver la vie de son père. S’il avait appliqué les règles habituelles de la piété filiale en joignant les mains, le destin du père se serait interrompu dans les flots[61]. Selon Confucius, « il est des personnes avec qui on

---

60. Cet épisode, où maître Zeng mourant exhibe ses pieds et ses mains pour montrer qu’il rend intact le corps « offert » par ses parents, est rapporté dans les *Entretiens de Confucius* : voir *Entretiens*, VIII, 3.

61. L’argument proposé ici est extrêmement proche de celui déjà avancé par Mengzi, à ceci près que chez ce dernier, c’était la belle-sœur qui manquait de se noyer et non le père : « Chunyu Kun demande : “Les rites exigent qu’hommes et femmes ne se touchent pas lorsqu’ils échangent quelque chose, n’est-ce pas ? – En effet, répond Mencius. – Ainsi, peut-on tendre la main à sa belle-sœur pour la sauver de la noyade ? reprend Chunyu Kun – Ne pas sauver sa belle-sœur sur le point de se noyer serait un comportement de bête

可與權。所謂時宜施者也。且孝經曰：先王有至德要道, 而泰伯祝髮文身, 自從吳越之俗。違於身體髮膚之義, 然孔子稱之, 其可謂至德矣。仲尼不以其祝髮[49]毀之也。由是而觀, 苟有大德, 不拘於小。沙門捐家財棄妻子, 不聽音視色, 可謂讓之至也。何違聖語, 不合孝乎？豫讓吞炭漆

49. Longxing : 斷髮

peut tendre vers la Voie, mais non maîtriser l'adaptation aux circonstances[62] ». Cela signifie qu'il faut choisir le moment opportun pour déployer un enseignement. Il est dit en outre dans le *Classique de la Piété filiale* : "Les anciens rois possédaient une puissance accomplie et suivaient la Voie principale." Or, parmi eux, Taibo coupa sa chevelure et se tatoua le corps[63], se mit à suivre les coutumes des [royaumes du Sud] Wu et Yue. Il tourna donc le dos aux principes régissant l'intégrité du corps et la coiffure, et pourtant Confucius le loua pour sa puissance accomplie. Il ne le dénigra pas au prétexte qu'il avait coupé ses cheveux. De ce point de vue, si l'on est en présence d'une vertu accomplie, on ne s'attache pas aux petits détails. Les moines donnent leurs biens et abandonnent femmes et enfants, ne s'intéressent ni à la musique ni à l'éclat des apparences. C'est un degré suprême de l'esprit de concession. En quoi de telles pratiques iraient-elles à l'encontre de l'enseignement

---

sauvage. Qu'hommes et femmes ne se touchent pas est la règle rituelle. Sauver sa belle-sœur en lui prenant la main est son adaptation aux circonstances." » 淳于髡曰：「男女授受不親，禮與？」孟子曰：「禮也。」曰：「嫂溺則援之以手乎？」曰：「嫂溺不援，是豺狼也。男女授受不親，禮也；嫂溺援之以手者，權也。」(*Mengzi*, IVA, 17).

62. Voir *Entretiens*, IX, 29. Meou-tseu a procédé à quelques coupures. Le passage complet se présente ainsi (traduction d'Anne Cheng, Paris, Éditions du Seuil, 1981, p. 80, légèrement modifiée) : « Il est des personnes avec qui on peut étudier, mais non tendre vers la Voie ; d'autres avec qui on peut tendre vers la Voie, mais non s'affermir dans le rituel ; d'autres encore avec qui on peut s'affermir dans le rituel, mais non maîtriser l'adaptation aux circonstances. » 可與共學，未可與適道；可與適道，未可與立；可與立，未可與權。」.

63. Les cheveux coupés (ou parfois les cheveux lâchés sur les épaules) étaient une marque d'appartenance aux peuplades barbares, tout comme les tatouages. Taibo 太伯, ou Wu Taibo 吳太伯, était un oncle du roi Wen des Zhou. Il était l'aîné de la fratrie, mais son père le déshérita car son cadet était un sage, et avait donné naissance à un saint (le futur roi Wen). Taibo, ainsi qu'un autre de ses frères, s'exila donc parmi les peuplades Jingman 荆蠻, et afin de rendre les choses irréversibles et d'empêcher tout conflit de légitimité, se tatoua le corps et se coupa les cheveux. Il fait l'objet d'un éloge dans les *Entretiens* (VIII, 1) et Sima Qian lui consacre son premier chapitre des « Maisons héréditaires » (voir *Shiji*, *juan* 31, p. 1445)

身,聶政劓面自刑,伯姬蹈火高行截容,君子以為[50]

50. 以為 : Longxing donne 為.

des sages souverains et ne s'accorderaient-elles pas à la piété filiale ? Yu Rang[64] avala de la suie et se recouvrit le corps de laque, Nie Zheng[65] se lacéra le visage et s'infligea à lui-même le châtiment, Boji[66] demeura dans l'incendie, Gaoxing[67] ruina

---

64. Voir *Shiji*, *juan* 86, p. 2519-21 : Yu Rang voulant venger son ancien maître assassiné transforma son apparence afin de pouvoir se rapprocher des responsables de sa mort. Il se couvrit de laque, dont la toxicité lui donnait l'apparence d'un lépreux et avala de la suie pour se rendre muet. Ne pouvant parvenir à ses fins, il se donna la mort.

65. La biographie de Nie Zheng suit celle de Yu Rang dans le *Shiji*. Ayant tué un homme dans son pays d'origine, il se réfugia au royaume de Qi avec sa mère et sa sœur pour fuir la vengeance du clan de la victime. Il devint boucher. Un certain Yan Zhongzi 嚴仲子 qui était au service du souverain de Han 韓 et s'était fait un ennemi mortel du ministre Xia Lei, cherchait un homme qui puisse l'aider à assassiner ce ministre. Alors qu'il était à Qi, il entendit parler d'un homme courageux qui était dissimulé parmi les bouchers pour fuir une vengeance. Il alla le trouver et se montra extrêmement généreux envers lui. Mais Nie Zheng, malgré sa reconnaissance, refusa d'entrer à son service car il devait veiller sur sa mère. Plus tard, lorsque sa mère mourut, il se souvint du respect manifesté par Yan Zhongzi et alla le trouver pour lui offrir son aide. Il se rendit alors dans le pays de Han et assassina Xia Lei devant une foule de gens, puis se suicida après s'être défiguré pour ne pas impliquer sa sœur.

66. Fille aînée de la famille Ji, régnant à Lu, elle fut donnée en mariage au duc Gong de Song 宋共公. Restée veuve, elle demeura à Song, et il semble qu'elle vécut suffisamment longtemps pour voir régner son arrière-petit-fils. En 543 av. J.-C. (cinquième mois de la trentième année du duc Xiang de Lu 魯襄公), un incendie se déclara dans le palais au cours de la nuit, mais Boji refusa de quitter le palais, n'étant pas accompagnée à la fois du précepteur (*fu* 傅, seul présent à ce moment-là selon le commentaire *Gongyang*) et de la préceptrice (*mu* 姆 ou 母) chargés d'accompagner les femmes en cas de sortie nocturne. Son histoire est rapportée dans le *Chunqiu*, puis dans une version différente dans le *Lienü zhuan* 列女傳 (chap. « Zhen shun » 貞順) de Liu Xiang. Les commentaires du *Chunqiu* s'opposent sur le sacrifice de Boji : les commentaires *Guliang* et *Gongyang* font l'éloge d'un tel sens des principes, alors que le *Zuozhuan* regrette son manque d'adaptation aux circonstances.

67. Ce personnage dont on ne connaît que le surnom, « Gaoxing » signifiant « noble comportement », apparaît dans le même chapitre « Zhen shun » du *Lienü zhuan*. Elle habitait le royaume de Liang 梁 et perdit très jeune son époux. Réputée pour sa beauté, elle eut de nombreux prétendants, jusqu'au souverain lui-même qui souhaitait la faire entrer dans son gynécée. Consciente de ce que tout l'intérêt de ce souverain était pour sa beauté, elle se coupa le nez et échappa ainsi à ses poursuites tout en continuant à s'occuper de ses enfants.

勇而死義，不聞譏其自毀沒也。沙門剔除鬚髮，而比之於四人，不已遠乎？

10. 問曰：夫福莫踰於繼嗣，不孝莫過於無後。沙門棄妻子捐財貨，或[51]終身不娶。何其違福孝之行也！自苦而無奇，自極而無異矣。

牟子曰：夫長左者必短右，大前者必狹後。孟

51. 或 est absent de l'édition Longxing.

son visage. L'homme de bien considère de tels comportements comme la marque d'un courage prêt à endurer la mort pour la justice. Je n'ai jamais entendu que ces personnes aient été critiquées pour s'être mutilées ou tuées. Lorsque les moines se rasent les cheveux et la barbe, ils sont encore bien loin d'atteindre [le sacrifice fait par] ces quatre personnes, n'est-ce pas[68] ?

DIXIÈME ARGUMENT

— Il n'est rien de plus heureux[69] que de perpétuer sa lignée, et à l'inverse rien de plus contraire à la piété filiale que de ne pas avoir de descendance. Les *śramaṇa* rejettent épouse et enfants, se défont des richesses et des biens, ou encore restent célibataires toute leur vie. Comment peuvent-ils se détourner ainsi de tout bonheur et de toute piété filiale ? Ils se nuisent sans créer aucun prodige, ils se portent aux extrémités sans rien atteindre d'exceptionnel[70].

MEOU-TSEU : Qui privilégie le côté gauche le fait au détriment du côté droit, qui accorde toute son attention à ce qui

68. Comme le fait ici l'interlocuteur, on a souvent souligné l'opposition entre une religion indienne fondée notamment sur la « sortie de la famille » et la piété filiale, centrale dans le système de valeurs de la Chine des Han. Dans un intéressant article, Gregory Schopen nous invite cependant à revoir l'idée selon laquelle la piété filiale aurait constitué une dimension essentielle de la « sinisation du bouddhisme », en montrant que la piété filiale était en réalité déjà fondamentale dans le bouddhisme indien : voir « Filial Piety and the Monk in the Practice of Indian Buddhism: A Question of 'Sinicization' Viewed from the Other Side », *T'oung Pao*, vol. LXX, nº 1, p. 110-126.

69. Cette notion de bonheur n'est pas celle d'un bonheur individuel, mais d'un bonheur propice en ce qu'il rejaillit sur les ancêtres.

70. D'après Timothy H. Barrett (communication personnelle), l'idée sous-jacente à ce passage est celle de pouvoirs exceptionnels conférés ou développés par les pratiques ascétiques. L'interlocuteur reprocherait donc au mode de vie bouddhique de priver le pratiquant de tout bonheur séculier (apporté par la pratique des vertus familiales) sans même apporter en retour la perspective de développer des pouvoirs surnaturels (apportés par l'ascétisme des chercheurs d'immortalité).

公綽為趙魏老則優,不可以為滕薛大夫。妻子財物,世之餘也。清躬無為,道之妙也。老子曰:名與身孰親?身與貨孰多?又曰:觀三代之遺風,覽乎儒墨之道術,誦詩書修禮節,崇仁義視清潔,鄉人傳業名譽[52]洋溢,此中士所施行。恬惔者所不恤。故前有隨珠,後有虓虎,見之走而不敢取何也?先其命而後其利也。許由栖巢木。夷齊餓

52. 譽 : Longxing donne 與.

se trouve devant négligera ce qui est derrière. Meng Gongchuo pourrait être intendant d'un grand clan comme celui de Zhao ou de Wei, mais il ne saurait être ministre, même d'États comme Teng et Xue[71]. Femme et enfants, richesses et biens sont le surplus du siècle, alors que la pureté de la pratique et le non-agir sont ce qu'il y a de plus subtil dans la Voie. Selon les termes de Laozi, "de mon nom ou de ma vie, lequel m'est le plus proche ? De la vie ou de la richesse, laquelle m'apporte le plus ?" De plus[72], si l'on examine les coutumes héritées des trois dynasties de l'Antiquité et les techniques développées par les confucéens et les mohistes, que l'on récite les *Odes* et les *Documents* et que l'on pratique les règles rituelles, que l'on vénère l'humain et le juste et observe la pureté, les gens du pays raconteront nos exploits et notre renommée se répandra, mais une telle pratique est celle d'un lettré moyen. L'homme limpide ne s'en préoccupe pas. Si devant nous se trouve la perle de Sui, mais que derrière gronde un tigre, pourquoi fuyons-nous sans oser nous saisir de la perle ? C'est que nous accordons plus d'importance à notre vie qu'au profit. Xu You[73] vivait perché dans un nid, Boyi et Shuqi[74] souffrirent de la faim à

---

71. Les clans Zhao et Wei étaient deux clans extrêmement puissants de l'État de Jin (au point de fonder plus tard leur propre État) ; les États de Teng et de Xue étaient de micro-États, encore plus modestes que celui de Lu. Voir *Entretiens*, XIV, 11.

72. La formule « 又曰 » apparaît à huit reprises dans le texte, en général pour introduire une seconde citation du texte qui vient d'être cité. Ici, ce n'est semble-t-il pas le cas, car le texte qui suit, non seulement n'apparaît pas dans le texte transmis du *Laozi*, mais est écrit dans un style très différent. Il semble donc que dans ce cas unique, il s'agisse d'un nouvel argument, bien distinct du précédent, amené par Meou-tseu.

73. Ermite mythique qui fait l'objet de nombreux récits dans les sources anciennes ; il aurait refusé le trône à lui cédé par Yao, honteux même d'avoir entendu une telle proposition.

74. Les deux frères Boyi 伯夷 et Shuqi 叔齊 (Yi l'aîné et Qi le cadet) sont le symbole d'une complète intégrité. Sima Qian leur consacre son premier chapitre biographique (*Shiji*, *juan* 61) : il y est rapporté qu'après avoir l'un et l'autre refusé de succéder à leur père, le seigneur de Guzhu 孤竹, ils décidèrent de se réfugier auprès du comte de l'Ouest (le futur roi

首陽, 聖孔[53]稱其賢曰：求仁得仁者也。不聞譏其無後無貨也。沙門修道德, 以易遊世之樂, 反淑賢以背妻子之歡[54]。是不為奇, 孰與為奇？是不為異, 孰與為異哉！

11. 問曰：黃帝垂衣裳制[55]服飾。箕子陳洪範貌為五事首。孔子作孝經服為三德始。又曰：正其衣冠尊其瞻視。原憲雖貧不離華冠, 子路遇難不忘結纓。今沙門剃頭髮披[56]赤布, 見人無

53. Le *Tripiṭaka* coréen donne 舜孔 ; j'ai suivi ici la leçon du Longxing.
54. 反淑賢以背妻子之歡 : Longxing donne 友淑賢以貸妻子以歡.
55. Longxing : 製.
56. Longxing : 被.

Shouyang, et pourtant le divin Confucius dit d'eux : "Ce sont des hommes qui cherchant l'humanité l'ont trouvée." Je n'ai jamais entendu qu'il ait trouvé à redire au fait qu'ils n'aient eu ni descendance ni richesses. Les *śramaṇa* pratiquent la Voie et sa vertu au lieu de profiter des joies du monde, et s'écartent du bonheur familial pour faire retour à la bonté. Si cela n'est ni prodigieux ni exceptionnel, qu'est-ce qui pourrait bien l'être ?

ONZIÈME ARGUMENT

— L'Empereur Jaune régla les usages vestimentaires en se revêtant des tuniques inférieure et supérieure. Dans la *Grande Règle* transmise par Jizi, l'apparence est placée en tête des cinq affaires d'importance. Lorsque Confucius composa le *Classique de la Piété filiale*, il définit le vêtement comme la première des trois vertus. Il exhorta aussi à "rectifier son vêtement et son bonnet, imprégner de respect son regard". Malgré sa pauvreté, Yuan Xian[75] ne quittait pas son bonnet d'apparat. Zilu[76], même dans le danger, n'oublia pas de renouer les cordelettes de sa coiffe. Aujourd'hui les *śramaṇa* se rasent la tête et se recouvrent de toile rouge[77], ils ne respectent pas les mouvements rituels et harmonieux lorsqu'ils rencontrent

Wen). Cependant, lorsqu'ils arrivèrent, ce dernier était décédé, et son fils (le futur roi Wu) s'apprêtait à partir en campagne contre le souverain de la dynastie Shang, sans respecter le temps de deuil. Après avoir exprimé leur profonde opposition à cette double violence, à l'encontre de l'ordre politique et familial, ils se retirèrent dans la montagne Shouyang 首陽, où ils finirent par mourir de faim.

75. Né en 515, aussi connu sous le nom de Zisi 子思, il fut l'un des principaux disciples de Confucius. Après la mort de son maître, il aurait choisi de vivre dans la pauvreté et l'obscurité.

76. L'un des trois grands disciples de Confucius. Il était d'un courage parfois aveugle selon le maître, qui lui reprochait parfois son manque de réflexion. Il est fait ici allusion au dernier geste qu'il eut avant de mourir assassiné.

77. Le *Weishu*, *juan* 114 (« Shi Lao zhi » 釋老志), rapporte qu'à l'époque des Han, les moines étaient revêtus de toile rouge, et que ce n'est qu'ensuite

跪起之禮儀，無盤旋之容止。何其違貌服之制，乖搢紳之飾也！

牟子曰：老子云：上德不德是以有德。下德不失德是以無德。三皇之時，食肉衣皮。巢居穴處以崇質朴。豈復須章甫之冠、曲裘之飾哉！然其人稱有德而敦厖，允信而無為[57]。沙門之行有似之矣。

或曰：如子之言，則黃帝堯舜周孔之儔，棄而不足法也。

牟子曰：夫見博則不迷，聽聰則不惑。堯舜周孔修世事也。佛與老子[58]無為志也。仲尼栖栖七

57. 有德而敦厖允信而無為 : Longxing donne 有德而敦厖正信而無為.

58. Longxing donne 孝子, ce qui est clairement une erreur de copiste. Ce type d'erreur apparaît plusieurs fois dans cette édition.

une personne. Pourquoi se détournent-ils ainsi des règles du vêtement et de l'apparence, et manquent-ils de respect pour les ornements des officiels[78] ?

MEOU-TSEU : Selon Laozi, "la vertu suprême ne fait pas montre de vertu, et c'est ainsi qu'elle en est pleinement pourvue. La vertu inférieure ne perd jamais de vue la vertu, et en cela en est dépourvue". À l'époque des trois Augustes, on mangeait de la viande et on se revêtait de peaux, on vivait dans des nids ou bien au fond des cavernes. On vénérait alors la simplicité, en quoi avait-on besoin de bonnets noirs[79] et d'ornements en fourrure bouclée[80] ? Cela n'empêcha pas les hommes de faire l'éloge de leur vertu et de leur intégrité, de leur sincérité et de leur non-intervention. La manière d'agir des *śramaṇa* est proche de cela.

— S'il en est comme vous le dites, alors des gens comme l'Empereur Jaune, Yao, Shun, le duc de Zhou ou Confucius doivent être rejetés et ne peuvent constituer des modèles.

— Qui a une vision étendue ne se perd pas, qui a l'oreille affûtée ne tombe pas dans la confusion. La tâche de Yao, Shun, du duc de Zhou et de Confucius[81] était d'améliorer les choses en leur temps. L'horizon du Bouddha et de Laozi est le désengagement. Confucius s'affaira[82] dans plus de soixante-

---

qu'ils changèrent pour une couleur secondaire (probablement l'orange) : 漢世沙門皆衣赤布. 後乃易以雜色.

78. Qui portaient une ceinture et un bonnet carré.

79. À l'origine, le bonnet de toile noire aurait été une coiffe typique de la dynastie des Yin 殷, dont le port aurait été ensuite perpétué par le royaume de Song 宋. D'après le *Traité des Rites*, chap. « Ru xing », Confucius aurait porté ce bonnet suite à son séjour à Song. À l'époque des Han, le bonnet de toile noire désigne simplement la coiffe du lettré.

80. L'expression 曲裘之飾 n'apparaît nulle part ailleurs.

81. L'Empereur Jaune a disparu de la liste.

82. Cette expression, 棲棲 ou 栖栖, désignant une grande agitation, est souvent appliquée à Confucius. Voir *Entretiens*, XIV, 32 : (Weisheng Mu s'adressant à Confucius) « Cet affairement qui est le vôtre, ne proviendrait-il pas de votre désir de complaire (aux puissants) ? » 丘何為是栖栖者與，無乃為佞乎？

十餘國，許由聞禪洗耳於淵。君子之道，或出或處，或默或語。不溢其情不淫其性。故其道為貴在乎所用，何棄之有乎？

12. 問曰：佛道言，人死當復[59]更生，僕不信此之審也。

牟子曰：人臨死，其家上屋呼之，死已復呼誰？

或曰：呼其魂魄。

牟子曰：神還則生，不還神何之呼[60]？

曰：成鬼神。

牟子曰：是也。魂神固不滅矣。但身自朽爛耳。身譬如五穀之根葉，魂神如五穀之種實。根葉生必當死，種實豈有終已。得道身滅耳。老子曰：吾所以有大患[61]，以吾有身也。若吾無身，吾有何患？又曰：功遂身退天之道也。

59. 復更 : Longxing donne 更復.
60. 神何之呼 : Longxing donne 則神何之呼.
61. 吾所以有大患 : Longxing donne 吾有大患. *Cf. Laozi* : 吾所以有大患者，為吾有身.

dix pays, alors que Xu You se lava les oreilles dans le torrent au seul mot de souveraineté[83]. La Voie de l'homme de bien consiste à s'engager ou à se retirer, à demeurer silencieux ou à parler, de manière à ne pas déborder ses sentiments, ni souiller sa nature propre. La valeur de la Voie réside dans l'usage qui en est fait, qu'y aurait-il à rejeter ?

DOUZIÈME ARGUMENT

— La doctrine du Bouddha affirme qu'après sa mort, l'homme retourne à une autre vie. Je ne crois pas en la vérité d'une telle affirmation.

Meou-tseu : Lorsqu'un homme est proche de la mort, sa famille monte sur le toit pour le rappeler, mais lorsqu'il est déjà mort, qui donc sa famille continue-t-elle à appeler ?

— Ses âmes *hun et po*.

— Lorsque l'esprit revient, [le malade] survit, mais lorsqu'il ne revient pas, pourquoi l'appeler ?

— Afin qu'il devienne l'esprit des mânes.

— En effet, et il est donc certain que l'esprit *hun* ne disparaît point, et que seul le corps se détruit. Le corps est comparable aux racines et aux feuilles des céréales, et l'esprit *hun* à la graine. Racines et feuilles vivent et meurent assurément, mais comment la graine connaîtrait-elle une fin ? Lorsque l'on trouve la Voie, le corps est détruit. Selon les mots de Laozi, "ce qui me fait rencontrer les plus grands malheurs est ce corps que je possède. Si je n'avais pas de corps, quel malheur connaîtrais-je[84] ?" Laozi dit également : "L'œuvre accomplie, le corps se retire, telle est la Voie du ciel. "

---

83. Ce personnage, auquel le sage empereur Yao aurait cédé son trône, l'aurait non seulement refusé, mais se serait enfui plein de honte que l'on ait pu penser lui transmettre le pouvoir.

84. *Laozi*, 13.

或曰：為道亦死，不為亦死，有何異乎[62]？

牟子曰：所謂無一日之善，而問終身之譽者也！有道雖死神歸福堂，為惡既死神當其殃。愚夫闇於成事，賢智豫於未萌。道與不道如金比草，善之與福如白方黑[63]，焉得不異！而言何異乎？

13. 問曰：孔子云：未能事人焉能事鬼？未知生焉知死？此聖人之所絕也。今佛家輒說生死之事、鬼神之務。此殆非聖哲之語也。夫履道者，當虛無惔怕[64]歸志質朴，何為乃道生死以亂志，說鬼神之餘事乎！

62. La variante donnée par le Longxing est plus claire : 功成名遂身退，天之道也。或曰：為道亦死，不為道亦死，有以異乎？

63. Ce passage pose problème, mais Pelliot suivi par Aurousseau proposent de le conserver ainsi en interprétant *fu* 福 comme signifiant un bonheur personnel, insoucieux du bien des autres. Cette interprétation me semble difficile à soutenir en général quant à la notion de *fu* 福, et en particulier dans ce contexte où *fu* 福 apparaît un peu plus haut dans l'expression *futang* 福堂. Le Longxing donne 禍之與福, ce qui cadre mal avec la logique du texte, à moins de supposer qu'il s'est produit une inversion des deux termes et de lire : 福之與禍.

64. 惔怕 : Longxing donne 淡泊.

— Si l'on agit selon la Voie, on meurt, de même que si l'on avait agi en désaccord avec la Voie, quelle est alors la différence ?

— Voilà ce que l'on appelle se préoccuper de la réputation que l'on laissera après soi alors que de son vivant on n'a pas pratiqué le bien un seul jour ! Celui qui a trouvé la Voie meurt, certes, mais son esprit retourne à la salle de félicité[85]. Celui qui fait le mal, dès sa mort, son esprit encourt le désastre. L'imbécile face à une situation aboutie reste encore dans l'incompréhension alors que l'homme sage et perspicace est préparé à [une situation qui] n'a même pas encore germé. La Voie et son absence sont aussi distinctes qu'or et herbes folles, quant au bonheur apporté par le bien, il est aussi clair que du blanc sur du noir. Comment est-il possible de ne pas faire la différence et de dire "Quelle est la différence ?"

TREIZIÈME ARGUMENT

— Confucius a dit : "Comment saurait-on servir les mânes lorsqu'on ne sait pas servir les hommes ? Comment pourrait-on comprendre la mort lorsqu'on ne comprend pas la vie ?" Ainsi, l'homme sage coupe-t-il court [à l'intérêt envers l'autre monde]. Or, les disciples du Bouddha discourent sans cesse des affaires concernant la vie et la mort et des devoirs rendus aux mânes et aux esprits. Cette doctrine est donc contraire aux paroles des grands sages. Celui qui chemine sur la Voie devrait cultiver le vide et le détachement et viser à l'authenticité ; pourquoi donc perdre toute orientation en discourant de la mort et de la vie ou des cultes superflus aux mânes et aux esprits ?

---

85. L'expression *futang* 福堂 est peut-être une tentative de traduction de la notion bouddhique de paradis. Dans ce contexte, elle garde cependant une forte coloration ritualiste, *tang* 堂 désignant la salle où l'on rend un culte aux ancêtres, et où se construit ainsi la « félicité » (*fu* 福) d'une lignée.

牟子曰：若子之言，所謂見外，未識內[65]者也。孔子疾子路不問本末，以此抑之耳。孝經曰：為之宗廟以鬼享之。春秋祭祀以時思之。又曰：生事愛敬，死事哀慼[66]。豈不教人事鬼神知生死哉！周公為武王請命曰：旦多才多藝能事鬼神。夫何為也？佛經所說生死之趣，非此類乎？老子曰：知其子[67]復守其母，沒身不殆。又曰：用其光

65. 見外未識內 : Longxing donne 見外而未識內.
66. 慼 : Longxing donne 戚.
67. 知其子 : Le Longxing reste plus proche du texte *Laozi* et donne 既知其子.

MEOU-TSEU : En parlant ainsi, vous êtes tel celui qui ne regarde que l'extérieur sans connaître ce qui se passe à l'intérieur. [Par les mots que vous avez cités,] Confucius critiquait son disciple Zilu pour être incapable de distinguer le principal du secondaire. Il est dit dans le *Classique de la piété filiale* : "Un temple des ancêtres est érigé afin que les mânes [du défunt] puissent jouir des sacrifices. Au printemps et à l'automne, [le fils pieux] rappelle le souvenir du défunt en procédant, selon les temps prescrits, aux offrandes et aux prières." Il est dit aussi : "[Le fils pieux] sert ses parents avec amour et respect lorsqu'ils sont vivants et avec peine et affliction lorsqu'ils sont morts[86]." Comment [osez-vous dire que le sage] n'enseigne pas aux hommes à servir les mânes et les esprits et à connaître la vie et la mort ! Pourquoi donc le duc de Zhou aurait-il prié pour la vie du roi Wu en ces termes : "Moi, Dan, j'ai de multiples talents et toutes sortes de connaissances et pourrai servir vos mânes[87]." Lorsque les *Sūtra* du Bouddha traitent de la destination[88] où nous entraînent vie et mort, n'est-ce pas du même ordre ? Le *Laozi* dit : "Qui connaît le fils et tout en préservant de surcroît la mère parviendra à la fin de sa vie sans être menacé[89]." Il dit aussi : "Qui use de son éclat tout en revenant à la source de lumière ne laisse pas détruire

86. Ces deux citations sont extraites du même chapitre « Sang qin » 喪親 (Le deuil des parents), traduction de Charles Le Blanc. Voir *Philosophes confucianistes*, Paris, Gallimard, 2009, p. 647.

87. Par cette prière, rapportée dans le *Classique des Documents* (chap. « Jinteng » 金滕, « Le Cordon d'or »), le duc de Zhou priait les esprits d'emporter sa vie plutôt que celle du roi Wu, en prétendant être plus apte à les servir. Voir Séraphin Couvreur (trad.), *Chou king : les annales de la Chine*, Paris, You Feng, 1999 (rééd.), p. 215.

88. Le terme employé, *qu* 趣, semble déjà posséder ici un sens spécifiquement bouddhique.

89. *Laozi*, 52. Différentes interprétations peuvent être données de ce passage (ainsi : « de sa vie ne subira nulle menace »). J'ai privilégié ici une lecture « bouddhisante », qui pourrait laisser place à l'idée d'une vie s'achevant sans faire peser de menace sur une vie future.

復其明[68],無遺身殃。此道生死之所趣,吉凶之所住。至道之要實貴寂寞。佛家豈好言乎？來問不得不對耳。鍾鼓豈有自鳴者！桴加而有聲矣。

14. 問曰：孔子曰：夷狄之有君,不如諸夏之亡也。孟子譏陳相更學許行之術曰：吾聞用夏變夷,

68. 復其明 : Le Longxing reste plus proche du texte *Laozi* et donne 復歸其明.

sa vie[90]." Ces mots nous parlent de la destination vers laquelle nous entraînent vie et mort, du lieu où se déterminent faste et néfaste. L'essentiel de la Voie suprême réside en réalité dans le silence. Comment les disciples du Bouddha se complairaient-ils donc à discourir ? Mais ils ne peuvent faire autrement que de répondre à qui vient les questionner. Cloches et tambours ne résonnent que lorsqu'on vient les frapper[91] !

QUATORZIÈME ARGUMENT

— Selon Confucius, "les Barbares même lorsqu'ils ont des chefs ne valent pas les divers peuples Xia[92] qui n'en ont pas[93]." [De même,] Mencius critiqua Chen Xiang pour avoir adopté les pratiques de Xu Xing[94] : "J'ai entendu parler de barbares Yi

---

90. Meou-tseu cite un autre passage du même verset.

91. L'idée selon laquelle la parole juste ne se profère pas, mais se présente comme une réponse, voire un écho, idée développée à travers la métaphore de la cloche, est là aussi profondément ancrée dans la tradition lettrée. Elle est dénoncée par Mozi 墨子 (ve siècle av. J.-C.) dans son chapitre « Critique des lettrés » 非儒, celui-ci y voyant un manquement à la loyauté, qui suppose de prendre la parole avec force lorsque la situation l'exige. En revanche, sous les Han, Yang Xiong, confronté à l'éparpillement des lettrés en diverses écoles exégétiques fermées les unes aux autres, reprend à son compte la métaphore, en formulant l'espérance que les lettrés puissent à nouveau « résonner comme cette grande cloche à la gorge de métal et au battant de bois » (Voir *Fayan*, I, 3, Béatrice L'Haridon [trad.], *Yang Xiong, Maîtres mots*, *op. cit.*, p. 3)

92. Les Xia sont considérés comme la première dynastie ayant régné sur les pays du Centre, et donnent par extension leur nom aux pays de la civilisation chinoise.

93. Ce passage extrait du troisième chapitre, « Ba yi », 八佾 du *Lunyu* a pu être interprété par les commentateurs et par les traducteurs de deux manières opposées. Pour des raisons de cohérence interne, ma traduction suit celle de Pierre Ryckmans, *Les Entretiens de Confucius*, Paris, Gallimard, 1987, p. 19. Anne Cheng, par exemple, suit une autre interprétation et traduit ainsi : « Même les Barbares de l'Est et du Nord, qui ont encore des chefs, sont préférables aux États chinois, qui ne reconnaissent plus de souverain ! » (*Entretiens de Confucius*, *op. cit.*, p. 39).

94. Xu Xing était un maître originaire de Chu qui prônait que chacun travaille la terre, y compris le souverain. Il se rendit à Teng et fut autorisé par le duc Wen à s'y installer pour cultiver la terre avec ses disciples. Chen

未聞用夷變夏者也。吾子弱冠學堯舜周孔之道，而今捨之，更學夷狄之術，不已惑乎？

牟子曰：此吾未解大道時之餘語耳。若子可謂見禮制之華，而闇道德之實，窺炬燭之明，未睹天庭之日也。孔子所言矯世法矣，孟軻所云疾專一耳。昔孔子欲居九夷曰：君子居之何陋之有？及仲尼不容於魯衛，孟軻不用於齊梁，豈復仕於夷狄乎？禹出西羌而聖哲，瞽叟生舜而

se réformant grâce à la civilisation des Xia, mais jamais des Xia se réformant grâce aux Yi[95]." Or donc, vous qui étudiez depuis votre prime jeunesse la Voie des sages souverains Yao et Shun, du duc de Zhou et de Confucius, vous l'abandonnez aujourd'hui pour adopter les pratiques des Barbares, n'est-ce pas là vous fourvoyer ?

MEOU-TSEU : Voilà bien des paroles inutiles que j'aurais pu prononcer lorsque je n'avais pas encore envisagé la vaste Voie. On peut dire que vous êtes tel celui qui ne verrait que les ornements des rites et de leurs règles, et resterait aveugle à la vie morale concrète, ou qui resterait les yeux fixés sur la lueur d'une bougie sans les lever vers le soleil dans le ciel. Par les paroles [que vous avez citées], Confucius souhaitait rectifier les règles de son temps, de même que Mencius critiquait l'étroitesse de vue [de Chen Xiang][96]. Auparavant, Confucius manifesta ainsi son désir de s'installer chez les neuf Barbares : "Est-il un endroit reculé, là où l'homme de bien réside[97] ?" Or, si Confucius ne fut pas accepté dans les royaumes de Lu et de Wei, si Mencius ne fut pas employé dans les royaumes de Qi et Liang, comment auraient-ils pu entrer au service des Barbares ? [Il s'agissait là aussi de paroles prononcées en des circonstances précises. En revanche, sur le plan des faits] Yu le Grand était issu du peuple des Qiang de l'Ouest, et fut sage et clairvoyant, Gu Sou donna naissance à Shun, et n'en fut pas

---

Xiang, lui-même originaire de Chu, le rencontra lors d'un voyage à Teng, et se mit à son école.

95. Voir *Mengzi*, chap. « Teng Wen gong » 滕文公上.

96. Selon un procédé similaire à celui déjà utilisé dans l'argument précédent, Meou-tseu dénonce chez son interlocuteur un usage « universalisant » de propos qui furent selon lui prononcés dans un contexte et avec un objectif bien précis. Il refuse ainsi en un sens de sortir la citation de son contexte pour en faire une arme contre la doctrine bouddhique (et il montre ensuite qu'avec une telle méthode, on pourrait aussi bien trouver dans le corpus classique des passages démontrant le désir de Confucius ou de Mencius de rejoindre les Barbares…). Ainsi, il lit les Classiques également comme du *bian* 辨, des paroles proférées dans un cadre éristique.

97. Voir *Entretiens*, IX, 14.

頑嚚，由余產狄國而霸秦，管蔡自河洛而流言。傳曰：北辰之星，在天之中，在人之北[69]。以此觀之，漢地未必為天中也。佛經所說，上下周極含血之類物皆屬佛焉。是以吾復尊而學之。何為當捨堯舜周孔之道？金玉不相傷，隨碧[70]不相妨。謂人為惑時[71]自惑乎？

69. Zicheng 子成, dans son *Zheyi lun* 折疑論 (1351) paraphrase ce texte en donnant 在齊之北.

70. Cette expression en deux caractères devrait désigner deux types de matières ou de pierres précieuses, mais ne présente pas de signification apparente. Le texte est probablement corrompu ici. Zhou Shujia propose de corriger par 精珀 (« cristal et ambre »). Je suis ici la lecture de Timothy H. Barrett selon laquelle cette expression dérive du binôme classique « perle du sieur Sui 隨 et disque de jade (*bi* 碧 étant mis ici pour *bi* 璧) de Bian He ».

71. 時 : Longxing donne 特.

moins borné et perfide. You Yu naquit parmi les barbares Di et amena le royaume de Qin à l'hégémonie[98]. Guan Shuxian et Cai Shudu[99] venaient de la plaine centrale entre le fleuve Jaune et la rivière Luo, et répandirent la calomnie [contre le duc de Zhou][100]. Comme le dit le commentaire, l'étoile polaire est au centre du ciel et au nord du monde des hommes. On voit par là que la terre des Han ne se trouve pas forcément au centre du ciel[101]. Il est dit dans les *Sūtra* du Bouddha que de haut en bas et jusqu'aux confins du monde, tout être vivant[102] tient du Bouddha. C'est ainsi que je me suis mis à vénérer et à étudier [cet enseignement]. Pourquoi faudrait-il pour autant abandonner la Voie de Yao, Shun, du duc de Zhou et de Confucius ? L'or et le jade ne se nuisent pas l'un l'autre, la perle du sieur Sui et le disque *bi* du sieur Bian ne s'opposent pas l'un à l'autre. Ne vous êtes-vous pas égaré en dénonçant l'égarement d'autrui ?

---

98. D'abord dignitaire d'un royaume barbare des Rong 戎 de l'Ouest, il devint le grand ministre du duc Mu de Qin 秦穆公 (parfois aussi appelé 繆公, *r.* 659-621).

99. Guan Shuxian 管叔鮮 et Cai Shudu 蔡叔度, princes feudataires de la toute récente dynastie des Zhou fragilisée par la mort de son fondateur le roi Wu, accusèrent le régent, le duc de Zhou, de vouloir se substituer à la lignée légitime et fomentèrent une rébellion.

100. Une vue opposée de la centralité est exprimée par exemple dans le *Baihu tongyi* compilé par Ban Gu sous la dynastie des Han orientaux : « Les barbares Yi et Di vivent dans des territoires coupés de l'empire du milieu et pratiquent des coutumes différentes, ils ne sont pas nourris du souffle harmonieux et central et ne peuvent être civilisés par les rites et le juste, voilà pourquoi ils ne sont pas les sujets (de l'empire). » 夷狄者, 與中國絕域異俗, 非中和氣所生, 非禮義所能化, 故不臣也. En tant qu'inaccessibles aux valeurs et au calendrier chinois, les Barbares ne peuvent être même considérés comme des sujets.

101. Voir Li Daoyuan 酈道元, *Shuijing zhu* 水經注, éd. *Shuijing zhu shu* 水經注疏, Nankin, Jiangsu guji chubanshe, 1999, *juan* 1, p. 38 : « Le Tianzhu est éloigné d'ici (le Funan) de plus de trente mille *li*, et l'aller-retour nécessite plus de trois ans. J'y suis allé, puis en suis revenu au bout de quatre années, et je considère ce pays comme le centre du ciel et de la terre. » 天竺去此，可三萬餘里，往還可三年踰。及行，四年方返，以爲天地之中也. Voir aussi Paul Pelliot, « Le Fou-nan », *Bulletin de l'École Française d'Extrême-Orient*, vol. III, n° 1, 1903, p. 277-278.

102. « Tout être de sang », nous dit plus exactement le texte.

15[72]. 問曰：蓋以父之財乞路人, 不可謂惠。二親尚存殺己代人, 不可謂仁。今佛經云: 太子須大拏, 以父之財施與遠人, 國之寶象以賜怨家, 妻子自與他人。不敬其親, 而敬他人者, 謂之悖禮。不愛其親, 而愛他人者, 謂之悖德。須大拏不孝不仁, 而佛家尊之, 豈不異哉？

牟子曰：五經之義, 立嫡以長。大王見昌之志, 轉季為嫡, 遂成周業, 以致太平。娶妻之義,

72. L'argument 15 est absent de l'édition Longxing.

QUINZIÈME ARGUMENT

— On ne peut appeler générosité le fait de donner les biens de son père à un homme dans la rue, comme on ne peut appeler grandeur le fait de s'offrir à la mort pour épargner la vie d'un autre alors que ses deux parents sont encore en vie. Or, voici ce que nous dit le *Sūtra* du Bouddha : le prince Sudāna[103] distribua les biens de son père à des hommes venus de loin, fit don du précieux éléphant de son pays à ses ennemis et céda même à un autre sa propre épouse et ses propres enfants. Qui manifeste son respect envers les autres plutôt qu'envers les membres de sa propre famille trahit l'ordre rituel. Qui déploie son affection envers les autres plutôt qu'envers ses proches va à l'encontre de la bienveillance. Sudāna n'est en vérité ni filial, ni humain, et pourtant les adeptes du bouddhisme le vénèrent, n'est-ce pas étrange ?

MEOU-TSEU : Si l'on suit le sens général des cinq Classiques, la mère du fils aîné doit être nommée épouse principale. Or, le Grand Roi, ayant perçu l'ampleur de vue de Chang[104], nomma épouse principale la mère de son fils cadet[105], et c'est ainsi que put s'accomplir l'œuvre des Zhou, et la Grande Paix être

---

103. Le prince Sudāna (ou prince Viśvantara) est la pénultième incarnation antérieure du Bouddha historique. Le récit de sa vie, l'un des plus célèbres parmi les récits des différentes vies antérieures du Bouddha (*Jātaka*), aurait été traduit en chinois dès le milieu du IIe siècle selon Paul Pelliot (comme en témoigne la traduction chinoise du nom du prince, qui est différente de celle adoptée dans des traductions plus tardives). Cependant, la première traduction connue est celle de Kang Senghui 康僧會(actif vers 250), incluse dans son *Liudu jijing* 六度集經. Voir la traduction en français d'Édouard Chavannes, *Cinq cents contes et apologues tirés du Canon bouddhique chinois*, vol. III, Paris, Ernest Leroux, 1911, p. 362-365. Pour une étude de ce récit et de ses avatars dans le contexte chinois médiéval, voir Stephen Bokenkamp, « The *Viśvantara-Jātaka* in Buddhist and Daoist Translation », dans Benjamin Penny (dir.), *Daoism in History: Essays in Honour of Liu Ts'un-yan*, Londres-New York, Routledge, 2006, p. 56-73. Je remercie Timothy H. Barrett de m'avoir indiqué cette passionnante étude.

104. Le futur roi Wen, fondateur de la dynastie des Zhou.

105. Afin que celui-ci devienne de droit son héritier.

必告父母。舜不告而娶以成大倫。貞士須聘請,賢臣待徵召。伊尹負鼎干湯,寧戚叩角要齊。湯以致王,齊以之霸。禮男女不親授。嫂溺則授之以手,權其急也。苟見其大,不拘於小。大人豈拘常也。須大拏睹世之無常財貨非己寶,故恣意布施以成大道。父國受其祚,怨家不得人。至於成佛,父母兄弟皆得度世。是不為孝,是不為仁,孰為仁孝哉!

atteinte. Ou encore, lorsque l'on prend épouse, la règle générale impose que les parents en soient informés. Or, Shun prit épouse sans rien leur dire, et accomplit ainsi [une vertueuse] relation. Un lettré d'intention pure doit être invité (il ne peut proposer lui-même ses services), un ministre avisé attend d'être reçu. Pourtant, Yi Yin prit sur le dos son chaudron pour se mettre au service de Tang le Victorieux, Ning Qi[106] frappa sur les cornes [d'un buffle] pour attirer l'attention [du duc Huan] de Qi, et c'est ainsi que Tang devint un souverain accompli, et que le royaume de Qi parvint à l'hégémonie. La règle rituelle exige qu'hommes et femmes ne se touchent pas. Mais lorsque sa belle-sœur est en train de se noyer, on lui tend la main pour l'aider, prenant ainsi en compte l'urgence de la situation. Qui possède une large vision n'ergote pas sur des détails, de même le grand homme ne s'en tient pas aux règles habituelles. Le prince Sudāna avait observé l'impermanence du monde, et ne prisant pas les biens matériels, il les dispersa à sa guise, afin d'accomplir la Grande Voie. Le pays de son père en reçut les bienfaits, et les ennemis ne purent plus y pénétrer. Puis lorsqu'il devint Bouddha, ses parents et ses frères[107] furent tous sauvés [avec lui]. Qu'est-ce qui pourrait bien mériter mieux d'être appelé piété filiale et humanité ?

---

106. Voir *Huainanzi*, chap. XII : Ning Qi cherchait à entrer au service du duc Huan de Qi (*r.* 685-643 ; il fut l'un des deux grands hégémons de l'époque des Printemps et Automnes), mais était de naissance trop obscure pour réaliser son projet. Il se fit donc marchand ambulant, et saisit l'occasion d'un passage du duc Huan de Qi et de sa suite pour attirer son attention, alors qu'il était en train de nourrir le buffle qui tirait sa charrette de marchand. Frappant les cornes de sa bête, il entonna un chant évoquant l'âge sombre dans lequel il vivait et ses propres aspirations. Le duc Huan de Qi fut convaincu par ce personnage, qu'il nomma bientôt conseiller (*dafu* 大夫).

107. 兄弟. Dans le récit de Kang Senghui, l'expression « frères » 兄弟 désigne les deux fils du prince, et non ses frères.

16[73]. 問曰：佛道重無為，樂施與，持戒兢兢如臨深淵者。今沙門耽好酒漿，或畜妻子，取賤賣貴，專行詐紿，此乃世之大偽，而佛道謂之無為耶！

牟子曰：工輸能與人斧斤繩墨，而不能使人功。聖人能授人道，不能使人履而行之也。皋陶能罪盜人，不能使貪夫為夷齊。五刑能誅無狀，不能使惡子為曾閔。堯不能化

73. L'argument 16 est absent de l'édition Longxing.

SEIZIÈME ARGUMENT

— La Voie du Bouddha prône de pratiquer l'absence d'intention (*wuwei*), de trouver sa joie dans le don [de ses biens], de respecter les interdits avec crainte, comme si on se trouvait au bord d'un précipice. Or, les *shamen* sont plongés dans les plaisirs de l'alcool, certains entretiennent femme et enfants, ou spéculent sur les biens, ou encore consacrent toutes leurs forces à tromper leur monde[108] ! Rien de plus factice et de plus actif en ce monde, et voilà pourtant ce que la Voie du Bouddha nomme "*wuwei*" !

Meou-tseu : Gongshu[109] peut bien donner aux hommes sa hache et son cordeau, mais il ne peut en rien assurer qu'ils réussissent leurs œuvres. Le sage peut enseigner aux hommes la Voie, mais il ne peut en rien assurer qu'ils y cheminent. Gao Yao peut condamner les bandits, mais il ne peut en rien assurer que les hommes corrompus se transforment en Boyi et Shuqi[110]. Les cinq châtiments peuvent punir les hommes sans vertu, mais ne peuvent transformer les mauvais fils en Zengzi[111] ou Min Ziqian[112]. Yao ne put influencer

108. Cette question suppose la présence d'un nombre non négligeable de moines dans la région. Selon Zhou Shujia dans sa réponse aux réflexions de Liang Qichao sur l'authenticité du *Meou-tseu* (voir *Mouzi congcan xinbian*, *op. cit.*, p. 83), s'il y avait déjà des moines à la fin des Han orientaux, il faut attendre la fin de la dynastie des Wei pour qu'apparaissent les premières traductions de *Vinaya* (règles monastiques) en chinois. Il n'est donc pas étonnant que les moines aient pu avoir un mode de vie choquant, puisque les règles n'étaient guère formalisées. Ici, l'interlocuteur ne fait cependant pas référence à un corpus de règles pour appuyer sa critique du comportement des moines, critique qui sera récurrente dans l'histoire du bouddhisme chinois.

109. Charpentier mythique.

110. Voir le dixième argument.

111. Célèbre disciple de Confucius. Les *Entretiens* nous montrent en effet qu'il accordait une importance particulière à la pratique de la piété filiale.

112. Min Ziqian (Min Sun 閔損) fut distingué par son maître Confucius pour la grandeur de sa conduite (*de xing* 德行) et sa piété filiale. Il refusa un poste offert par le clan Ji 季 du royaume de Lu, se montrant prêt à l'exil plutôt que de servir une puissance indigne (*Entretiens*, vi, 9).

丹朱,周公不能訓管蔡,豈唐教之不著,周道之不備哉!然無如惡人何也。譬之世人學通七經,而迷於財色,可謂六藝之邪淫乎?河伯雖神,不溺陸地人。飄風雖疾,不能使湛水揚塵。當患人不能行,豈可謂佛道有惡乎?

17. 問曰:孔子稱:奢則不遜,儉則固,與其不遜也寧固。御孫[74]曰:儉者德之共[75]。侈者惡之大也。今佛家以空財布施為名,盡貨與人為貴,豈有福哉!

牟子曰:彼一時也,此一時也。仲尼之言,疾

74. 御孫 : Le *Tripiṭaka* coréen donne 叔孫. Je suis la leçon de l'édition Longxing qui corrige sur la base du *Zuozhuan*, 24e année du Duc Zhuang.

75. 共 : Le *Tripiṭaka* coréen donne 恭. Je suis la leçon de l'édition Longxing qui corrige sur la base du *Zuozhuan*, 24e année du Duc Zhuang.

Dan Zhu[113], le duc de Zhou ne put éduquer Guan Shuxian et Cai Shudu. Cela signifie-t-il pour autant que l'enseignement de Yao n'était pas lumineux ou que la Voie des Zhou n'était pas parfaite ? C'est que rien ne pouvait toucher ces hommes mauvais. De même, si les hommes de notre temps, alors qu'ils comprennent les sept Classiques, se perdent dans le luxe et la débauche, doit-on dénoncer pour autant la perversité des six arts ? Même si le comte du Fleuve possède une puissance magique, il ne peut noyer les hommes qui vivent à l'intérieur des plaines, même si le vent souffle fort, il ne pourra faire que d'une eau profonde s'élève de la poussière. Lorsque des gens calamiteux sont incapables de pratiquer la Voie bouddhique, la faute en revient-elle à cette Voie ?

DIX-SEPTIÈME ARGUMENT

— Confucius dit : “La prodigalité ne voit plus de limites à sa présomption, tandis que la frugalité finit par tomber dans la mesquinerie. Mais mieux vaut encore la mesquinerie que la présomption sans bornes[114].” Yusun dit : “La frugalité est une vertu qui rassemble les hommes de qualité. La prodigalité quant à elle exacerbe la méchanceté[115].” Aujourd'hui, les disciples du Bouddha se font une réputation en distribuant toutes leurs richesses, et se font une gloire de donner à autrui leurs biens jusqu'au dernier. Qu'y a-t-il de bénéfique à cela !

MEOU-TSEU : Les circonstances ne sont pas les mêmes. Les paroles de Confucius dénonçaient la prodigalité dénuée

113. Dan Zhu était le fils de l'empereur mythique Yao. Jugé par celui-ci indigne de lui succéder, il fut chassé et Yao céda le trône impérial au sage Shun.

114. *Entretiens*, VII, 36. Traduction d'Anne Cheng, *op. cit.*, p. 68.

115. Par ces paroles, rapportées par le *Zuozhuan*, vingt-quatrième année du duc Zhuang, Yusun (Yusun Qing 御孫慶, un grand officier du royaume de Lu) entendait protester contre le luxe excessif du duc Zhuang de Lu, qui fit ornementer les chevrons du temple de son père, le duc Huan.

奢而無禮。御孫之論,刺公[76]之刻楹[77],非禁布施也。舜耕歷山,恩不及州里。太公屠牛,惠不逮妻子。及其見用,恩流八荒,惠施四海。饒財多貨,貴其能與,貧困屢空,貴其履道。許由不貪四海,伯夷不甘其國。虞卿捐萬戶之封,救窮人之急。各其志也。僖負羈[78]以壺飧[79]之惠,全其所

76. 公 : Longxing donne 莊公.

77. 刻楹 : Longxing donne 刻桷 (*cf. Zuozhuan*).

78. 僖負羈 : j'ai suivi ici la leçon du Longxing et du Pingjinguan (conforme au *Zuozhuan*). Le *Tripiṭaka* coréen donne 僖負覊.

79. Le *Tripiṭaka* coréen et le Pingjinguan donnent 壺飱 ; je suis ici la leçon du Longxing.

de sens du rite. La critique de Yusun s'adressait au fait que le duc fasse graver les chevrons [du temple ancestral], elle ne consistait pas à interdire la distribution des richesses. Lorsque Shun cultivait la terre au fin fond de la montagne Li, ses bienfaits ne pouvaient s'étendre aux pays et villages. Lorsque le Grand Duc abattait les bœufs, sa générosité ne pouvait pas même s'étendre à son épouse et ses enfants[116]. Puis lorsqu'il fut découvert et employé, ses bienfaits se répandirent à tous les horizons et sa générosité se déploya entre les quatre mers. Nobles sont ceux qui, possédant abondance de richesses, sont capables de les donner, et ceux qui, accablés par la pauvreté et les difficultés, persévèrent dans la Voie. Un empire même ne suscita pas la convoitise de Xuyou[117], un royaume même ne suscita pas le désir de Boyi[118]. Yu Qing[119] se défit de son fief de dix mille foyers pour sauver un homme en difficulté. Telle était la détermination de chacun d'entre eux. Xi Fuji[120], grâce

116. L'histoire selon laquelle le Grand Duc (Taigong 太公, ou Lü Wang 呂望) aurait été boucher, profession extrêmement misérable ne lui permettant pas même d'entretenir correctement sa famille, n'apparaît ni dans le *Shujing* ni dans le *Shiji*, mais notamment dans le *Han Shi waizhuan* 韓詩外傳 ou dans le texte exhumé intitulé « Qiong da yi shi » 窮達以時 : « Lü Wang […] arrivé à l'âge de soixante-dix ans abattait les bœufs à Chaoge, et [pourtant] fut distingué et devint général du Fils du Ciel, car il rencontra le roi Wen des Zhou. » 呂望 … 行年七十而屠牛於朝歌，舉而為天子師，遇周文也. Voir Yang Chaoming 楊朝明, *Chutu wenxian yu rujia xueshu yanjiu* 出土文獻與儒家學術研究, Taipei, Taiwan Shufang, 2007, p. 148.

117. Ce personnage mythique aurait refusé l'empire que lui proposait Yao.

118. Voir le dixième argument.

119. Voir *Shiji*, *juan* 76 : Yu Qing (le chancelier Yu) était un sage lettré errant. Il rencontra le prince Xiaocheng de Zhao 趙孝成王 et lui fit une forte impression puisque dès leur deuxième rencontre, il fut nommé chancelier (*shangqing* 上卿) et reçut un fief. Lorsque son ami Wei Qi 魏齊, lui-même chancelier du royaume de Wei, se trouva en grande difficulté et forcé de fuir, Yu Qing abandonna tout pour l'accompagner dans sa fuite.

120. Voir *Zuozhuan*, vingt-troisième année du duc Xi 僖. Le récit raconte comment Chong Er, le prince héritier du royaume de Jin, alors en fuite, se trouve traité de manière fort irrespectueuse par le souverain de Cao. L'épouse de Xi Fuji, un haut dignitaire de Cao, conseilla alors à son mari de lui manifester du respect, car elle pressentait que Chong Er aurait un brillant

居之閭[80]。宣孟以一飯之故，活其不貲[81]之軀。陰施出於不意，陽報皎如白日。況傾家財發善意，其功德巍巍如嵩泰，悠悠如江海矣！懷善者應之以祚，挾惡者[82]報之以殃。未有種稻而得麥，施禍[83]而獲福者乎！

80. 閭 : Le *Tripiṭaka* coréen donne 間.

81. 貲 : je suis ici l'édition Longxing. Le *Tripiṭaka* coréen et le Pingjinguan donnent 訾.

82. Le *Tripiṭaka* coréen donne 扶.

83. Le *Tripiṭaka* coréen donne 作禍.

au don d'un plat de riz, sauva son village. Xuan Meng[121] grâce à un seul repas sauva son inestimable vie[122]. Ils ont en secret répandu leurs bienfaits sans intention particulière, et avec éclat en ont reçu une rétribution aussi lumineuse que le soleil[123]. *A fortiori* ceux qui répandent tous les biens de leur famille en vue de faire le bien ! Leur vertu et leur mérite sont aussi majestueux que les montagnes Songshan et Taishan[124], aussi durables que le Grand Fleuve et les mers ! Qui porte en lui le bien recevra en réponse le bonheur, qui recèle le mal recevra en retour la calamité. Il ne s'est jamais vu que l'on obtienne du blé en plantant du riz, et le bonheur en semant le malheur !

---

destin en dépit de sa situation présente. Xi Fuji lui envoya alors un plat de riz dans lequel il avait dissimulé un disque de jade. Chong Er accepta le riz en signe de reconnaissance, mais renvoya le jade pour manifester son intégrité. Lorsque Chong Er, devenu souverain de Jin, envahit plus tard le royaume de Cao, il empêcha ses armées d'entrer dans les lieux où vivait le clan de Xi Fuji (*Shiji*, *juan* 39, 1664).

121. Xuan Meng, ou Zhao Dun 趙盾 († 601 av. J.-C.), fut pendant vingt ans le plus puissant ministre du royaume de Jin. Lorsqu'arriva au pouvoir le tyrannique duc Ling 晉靈公, il échoua malgré ses remontrances à le remettre dans le droit chemin. Le duc ne le portant pas dans son cœur tenta de le faire assassiner, mais parmi sa garde se trouvait un homme autrefois sauvé de la faim par Zhao Dun qui lui avait donné un repas. Par reconnaissance, il le sauva à son tour, et Zhao Dun put s'enfuir. Plus tard, le duc Ling fut assassiné, Zhao Dun retrouva le royaume de Jin et sa position de ministre, mais l'historien Dong Hu 董狐 nota qu'il avait fait assassiner son maître Yigao (c'est-à-dire le duc Ling, désigné ici par son nom personnel, ce qui permettait à l'annaliste de dénoncer à la fois celui qui avait tiré profit de l'assassinat et le manque de vertu du prince) : voir *Zuozhuan*, deuxième année du duc Xuan 宣.

122. On trouve la même expression dans le *HHS*, *juan* 60A, p. 1973 : 惜不貲之軀, et l'expression possède alors clairement le sens de « chérir son inestimable vie ». Dans le contexte de l'argumentation de Mouzi, l'expression souligne alors, comme dans l'exemple historique précédent, le contraste entre la modestie du don et le bénéfice qui en est tiré plus tard. Paul Pelliot (suivi par John P. Keenan) traduit « sauva sa personne sans y penser », en se fondant sur le texte établi par le *Tripiṭaka* coréen. Ce choix me semble moins cohérent d'un point de vue grammatical et contextuel.

123. La formulation place le don du côté du *yin* 陰 tandis que la rétribution se trouve associée au *yang* 陽.

124. Deux des cinq « pics sacrés », la montagne Songshan se trouvant au centre et la montagne Taishan à l'est.

18. 問曰：夫事莫過於誠，說莫過於實。老子除華飾之辭，崇質朴之語。佛經說不指其事，徒廣取譬喻。譬喻非道之要，合異為同非事之妙。雖辭多語博，猶玉屑一車不以為寶矣。

牟子曰：事嘗共見者，可說以實。一人見一人不見者，難與誠言也。昔人未見麟，問嘗見者麟何類乎。見者曰：麟如麟也。問者曰：若吾嘗見麟，則不問子矣。而云麟如麟，寧可解哉！見者曰：麟麕身牛尾鹿蹄馬背。問者霍[84]解[85]。孔子曰：人不知而不慍，不亦君子乎？老子云：天地之

84. Le *Tripiṭaka* coréen donne 虛 ; je suis ici la leçon du Pingjinguan.

85. Taiping yulan, *juan* 889, p. 3951 : 牟子曰：昔人不識麟，問人。答曰：麟如麟。問者惡之。曾見者曰：麟麕身牛尾鹿蹄馬背。問者霍然而解.

DIX-HUITIÈME ARGUMENT

— Dans les faits, mieux vaut être direct. Dans les discours, mieux vaut être concret[125]. Laozi repoussa l'expression embellie et ornée et privilégia un discours simple et concis. Dans les *Sūtra* du Bouddha, le discours se développe sans désigner aucun fait précis, mais en s'appuyant seulement sur toutes sortes de comparaisons. Les comparaisons échouent à saisir le sens principal de la Voie, l'assimilation de ce qui est différent manque l'aspect plus subtil des faits. Ainsi, on aura beau multiplier les mots et étaler son discours, il en sera comme d'une charretée de poussières de jade, de laquelle il est impossible de tirer un joyau.

MEOU-TSEU : Lorsqu'il s'agit d'un fait que nous avons pu tous deux observer, nous pouvons effectivement en parler concrètement. Lorsque l'un l'a vu et l'autre non, il est difficile d'en parler directement. Autrefois, un homme qui n'avait jamais vu de licorne demanda à quelqu'un qui avait eu l'occasion d'en voir une à quel genre d'animal elle ressemblait. L'autre répondit que la licorne ressemblait à une licorne. Le premier insista : “Si j'avais déjà vu une licorne, je ne vous poserais pas cette question, mon cher. Or, vous me répondez qu'une licorne ressemble à une licorne, ce n'est guère éclairant !” L'autre répondit alors : “Une licorne a le corps d'un daim, la queue d'un bœuf, les sabots d'un cerf et le dos d'un cheval.” Celui qui posait la question comprit immédiatement. Selon Confucius, “lorsque les autres ne comprennent pas, il n'en prend pas ombrage : n'est-ce pas là un homme de bien[126] ?” Et selon Laozi, “l'intervalle entre ciel et terre est comme un

---

125. Le cinquième argument s'attaque au même problème, en des termes très proches.

126. Ici, Meou-tseu comprend ce passage des *Entretiens* (I, 1) à la manière de certains commentateurs anciens, ainsi He Yan 何晏 : voir Cheng Shude 程樹德, *Lunyu jishi* 論語集釋, Pékin, Zhonghua, 1990, p. 8. L'interprétation qui prévaut cependant amènerait à cette traduction : « Que les autres ne le

間，其猶稾籥乎！又曰：譬道於天下，猶川谷與江海。豈復華飾乎！論語曰：為政以德，譬如北辰。引天以比人也。子夏曰：譬諸草木區以別矣。詩之三百，牽物合類。自諸子讖緯聖人祕要，莫不引譬取喻。子獨惡佛說經牽譬喻耶！

19. 問曰：人之處世，莫不好富貴而惡貧賤，樂歡逸而憚勞倦。黃帝養性，以五肴為上。孔子

soufflet de forge[127] !" ; "La présence de la Voie au monde est comparable aux lits et aux fosses pour les fleuves et les mers[128]." Peut-on encore voir là embellissement et ornement ! Lorsqu'il est dit dans les *Entretiens*[129] : "Qui gouverne par la vertu est comparable à l'étoile polaire[130]", on prend un corps céleste pour point de comparaison avec un homme. Zixia dit aussi : "[Il en est des disciples] comme de plantes ou d'arbres, il faut les traiter chacun selon son espèce[131]." Les trois cents poèmes du *Classique des Odes* associent entre elles les choses d'une même catégorie. Depuis les textes apocryphes des maîtres jusqu'à l'enseignement ésotérique des sages, tous font usage des comparaisons. Et vous réservez pourtant votre condamnation aux comparaisons présentes dans les *Sūtra* du Bouddha !

DIX-NEUVIÈME ARGUMENT

— "Honneurs et richesses sont ce que les hommes désirent le plus au monde, pauvreté et obscurité sont ce qu'ils détestent le plus[132]." Ils prennent plaisir aux joies et au loisir, et craignent les fatigues et l'épuisement. L'Empereur Jaune nourrissait son principe vital en accordant la plus haute importance aux divers aliments. Confucius a dit ceci : "Pour la nourriture, je ne

comprennent pas, il n'en prend pas ombrage : n'est-ce pas là un homme de bien ? »

127. *Laozi*, 5.

128. *Laozi*, 32, dont le texte exact est le suivant : 譬道之在天下，猶川谷之於江海.

129. En cette unique occurrence, Meou-tseu introduit une citation des *Entretiens* non pas par l'expression « Kongzi yue » (Confucius a dit), mais par le titre de l'ouvrage.

130. *Entretiens*, II, 1. Traduction d'Anne Cheng, *op. cit.*, p. 33.

131. *Entretiens*, XIX, 12. Traduction d'Anne Cheng (légèrement modifiée), *op. cit.*, p. 147.

132. Citation approximative des *Entretiens*, IV, 5.

云：食不厭精，鱠不厭細。今沙門被赤布，日一食，閉六情，自畢於世。若茲何聊之有？

牟子云：富與貴，是人之所欲[86]。不以其道得之，不處也。貧與賤，是人之所惡。不以其道得之，不去也。老子曰：五色令人目盲，五音令人耳聾，五味令人口爽。馳騁田獵令人心發狂。難得之貨令人行妨。聖人為腹不為目。此言豈虛哉！柳下惠

86. Pingjinguan：是人所欲.

dédaigne pas le meilleur riz, pour le hachis, je ne dédaigne pas qu'il soit fin[133]." Or, les moines se couvrent de toile rouge, ne prennent qu'un repas par jour, se ferment aux six sensations[134], et se coupent du monde. Quel intérêt y a-t-il à vivre une telle vie ?

MEOU-TSEU : "Les richesses et les honneurs sont ce que l'homme désire. Mais il n'en jouit pas s'il devait pour cela ne pas respecter sa Voie. La pauvreté et l'obscurité sont ce que l'homme déteste, mais il ne les évite pas s'il devait pour cela ne pas respecter sa Voie[135]." Selon les mots de Laozi : "Les cinq couleurs vous rendent aveugle. Les cinq sons vous rendent sourd. Les cinq saveurs vous font perdre le goût[136]." La chasse[137] rend fou le cœur humain. Les biens rares conduisent les hommes à agir pour se prémunir. Or "le sage agit pour les ventres et non pour les yeux[138]". Comment ne pas se fier à de telles paroles ? Liuxia Hui[139] n'aurait jamais changé

133. *Entretiens*, x, 8.

134. Pour les bouddhistes, il s'agit des six sensations suivantes : vue, ouïe, olfaction, goût, toucher, idée. Dans la tradition chinoise, il s'agit plutôt des « six passions », qui ne sont pas intrinsèquement mauvaises mais qui doivent être tempérées : joie, colère, chagrin, allégresse, amour, haine.

135. Voir *Entretiens*, IV, 5. Ici, la manière dont Meou-tseu retourne contre son interlocuteur son usage de citations tronquées des *Entretiens* de Confucius, à l'aide d'une autre citation du même texte, est très similaire à celle de Yang Xiong, confronté à un interlocuteur qui pensait pouvoir citer un passage tronqué des *Entretiens* de Confucius (*Entretiens*, XV, 20) à l'appui de sa recherche des honneurs et du pouvoir : voir Béatrice L'Haridon (trad.), *Yang Xiong. Maîtres mots*, *op. cit.*, V, 25, p. 47.

136. À travers ces deux citations, Meou-tseu cherche à montrer qu'il existe bien des pratiques d'austérité, voire d'ascétisme dans la tradition chinoise, et que les ascètes bouddhistes ne sont donc pas si choquants que l'interlocuteur ne le pense…

137. 馳騁 et 田獵 sont deux expressions désignant la chasse.

138. *Laozi*, 12.

139. Sage du royaume de Lu 魯, il persista à servir le souverain malgré de nombreux échecs.

不以三公之位易其行，段干木不以其身易魏文之富。許由巢父栖木而居，自謂安於帝宇。夷齊餓于首陽，自謂飽於文武。蓋各得其志而已。何不聊之有乎？

20. 問曰：若佛經深妙靡麗，子胡不談之於朝廷，論之於君父，修之於閨門，接之於朋友。何復學經傳讀諸子乎？

牟子曰：未達其源，而問其流也。夫陳俎豆於壘門，建旌旗於朝堂。衣狐裘以當蕤賓，被

de conduite pour obtenir un titre de duc[140], Duangan Mu[141] n'aurait pas changé sa vie pour la richesse du duc Wen de Wei, Xu You et Chao Fu[142] vivaient dans une cabane de bois, mais disaient qu'ils étaient plus confortables que l'empereur. Boyi et Shuqi[143] mouraient de faim dans la montagne Shouyang mais disaient qu'ils étaient plus rassasiés que les rois Wen et Wu. Sûrement, chacun avait accompli sa vocation, c'est tout. Quel intérêt n'y a-t-il pas à vivre une telle vie[144] !

VINGTIÈME ARGUMENT

— Si les *Sūtra* du Bouddha sont si profonds et si merveilleux, pourquoi ne les exposez-vous pas à la cour, ni ne les expliquez au prince, ni même ne les pratiquez chez vous ou avec vos amis ? Pourquoi continuez-vous à étudier les Classiques et leurs commentaires et à lire les œuvres des maîtres ?

MEOU-TSEU : Vous posez une question sur le courant en aval, sans avoir encore compris la source en amont. Disposer des vases sacrificiels à l'entrée d'un camp militaire et planter des bannières dans la salle ancestrale du palais ; se couvrir d'un manteau en renard pour affronter le solstice d'été, se vêtir d'une

140. *San gong*, les trois ducs, formaient le rang suprême.

141. Vivant à l'époque du duc Wen de Wei (*r.* 445-395), il refusa toujours de le servir, mais le duc le considérait comme son maître.

142. L'ermite mythique Xu You, déjà rencontré plus haut, est dépassé dans la pureté par Chao Fu, selon certains récits comme celui du *Gaoshi zhuan* 高士傳 de Huangfu Mi 皇甫謐 (215-282). Chao Fu garde ses bêtes et entend Xu You raconter comment Yao chercha à lui céder le pouvoir. S'estimant « pollué » par ce récit, il court se laver les oreilles.

143. Voir le dixième argument.

144. Meou-tseu reprend ironiquement la question de son interlocuteur en l'inversant. La structure interrogative « 何…之有 ? » est récurrente (neuf fois dont deux dans des citations des *Entretiens*). L'apparition de cette structure dans les *Entretiens* paraît également liée à un contexte ironique, de remise en cause d'un préjugé entretenu par l'interlocuteur (voir *Entretiens*, IX, 14 ; IX, 31 ; XIX, 22).

絺綌以御黃鍾。非不麗也,乖其處非其時也。故持孔子之術,入商鞅之門,賫孟軻之說,詣蘇張之庭,功無分寸,過有丈尺矣。老子曰:上士聞道,勤而行之。中士聞道,若存若亡。下士聞道,大而笑之[87]。吾懼大笑故不為談也。渴不必待江河,而飲井泉之水何所不飽,是以復治經傳耳。

21. 問曰[88]:漢地始聞佛道,其所從[89]出耶?

牟子曰:昔孝明皇帝,夢見神人。身有

87. Longxing : 而大笑之.

88. Cet argument n'est pas inclus dans l'édition Longxing.

89. Zhou Yiliang fait remarquer cet usage populaire de *suo* 所 à la place de *he* 何.

tunique de toile fine pour passer le solstice d'hiver ; toutes ces actions sont bonnes en soi, mais elles ne sont adaptées ni au lieu ni au temps. Ainsi, qui équipé de l'enseignement de Confucius entre par la porte de Shang Yang[145], qui porteur des mots de Mencius visite la demeure de Su Qin et Zhang Yi[146], ceux-là ne rencontreront pas le moindre succès, mais commettront les plus graves erreurs[147]. Laozi a dit : "Lorsqu'il entend parler de la Voie, le lettré supérieur s'empresse de la pratiquer de toutes ses forces, le lettré moyen parfois y adhère, parfois la néglige, le lettré inférieur éclate de rire[148]." Je crains cet éclat de rire et pour cette raison ne cherche pas à parler [de la Voie du Bouddha]. Il est possible d'étancher sa soif à une source ou à un puits, sans attendre de trouver les grands fleuves. Ainsi, je continue à étudier les Classiques et leurs commentaires.

VINGT ET UNIÈME ARGUMENT

— Lorsque l'on commença à entendre parler de la doctrine du Bouddha sur le territoire des Han, d'où provenait-elle ?

MEOU-TSEU : Par le passé, l'empereur Ming[149] vit en

145. Shang Yang joua un rôle politique majeur sous le règne du duc Xiao de Qin 秦孝公 (361-338) en contribuant à réduire le pouvoir des grandes familles et en mettant en place un système administratif reposant sur la loi. Il est considéré en cela comme un précurseur du légisme.

146. Su Qin et Zhang Yi furent tous les deux de brillants diplomates, actifs à la fin des Royaumes combattants, Zhang Yi étant au service du royaume de Qin et Su Qin au service de différents royaumes, dont celui de Zhao, qui menacés par Qin tentaient d'établir des alliances.

147. Formulation très proche de celle du *Fayan*, mais là où Yang Xiong visait l'hypocrisie de ceux qui prétendent continuer l'enseignement de Confucius tout en mettant en pratique le légisme, Meou-tseu cherche à démontrer l'inefficacité – et l'erreur – qui consiste à présenter un enseignement pour lequel les « hôtes » légistes, ses contemporains, ne sont pas prêts. Ironiquement, l'enseignement de Confucius symbolise en réalité l'enseignement du Bouddha.

148. *Laozi*, 41.

149. L'empereur Ming vécut de 28 à 75 de notre ère.

日光飛在殿前,欣然悅之。明日博問群臣,此為何神。有通人傅毅曰:臣聞天竺有得道者號曰佛,飛行虛空,身有日光,殆將其神也。於是上寤[90]。遣中郎蔡愔、羽林郎中秦景、博士弟子王遵等十八人,於大月支。寫佛經四十二章。藏在蘭臺石室第十四間[91]。時於洛陽城西雍門外起佛寺,於其壁畫千乘萬騎繞塔三匝。又於南宮清涼臺,及開陽城門上作佛像[92]。明帝時豫修造壽陵曰顯節,亦於其上作佛圖像。時國豐民寧,遠夷慕義,學者由此而滋。

90. Pingjinguan : 悟 ; variante importante du fait de la polysémie du terme.

91. Ce passage est cité avec quelques variantes dans le commentaire de Liu Xiao au *Shishuo xinyu*,chap · 4 : 漢明帝夜夢神人, 身有日光, 明日博問群臣。通人傅毅對曰:「臣聞天竺有道者號曰佛。輕舉能飛, 身有日光,殆將其神也」於是遣羽林將軍秦景、博士弟子王遵等十二人之大月氏國, 寫取佛經四十二部, 在蘭臺石室. (*Cf*. Liu Yiqing 劉義慶, Liu Xiao 劉孝 (comm.), Yu Jiaxi 余嘉錫 (comm.), *Shishuo xinyu jianshu* 世說新語箋疏, Shanghai : Guji, 1993, p. 213.

92. Ce passage est cité avec quelques variantes dans le 玉燭寶典 de Du Taiqing 杜台卿, au chap. 4 (éd. *Gu Yi congshu*, vol. 2, Nanjing : Jiangsu guiji chubanshe, 2002, p. 452) : 洛陽城西雍門外起白馬寺, 壁上位朝廷千乘萬騎繞塔。又南宮清涼臺上及開陽門所造陵名顯節, 悉於上畫作佛像.

rêve un homme divin. Son corps avait l'éclat du soleil et il volait devant la grande salle du palais. Il en fut tout réjoui. Le lendemain, il demanda à l'assemblée de ses ministres quel pouvait être ce dieu. Un certain Fu Yi, qui était un homme savant, fit cette réponse : "Votre serviteur a entendu dire qu'en Inde se trouvait un homme qui avait trouvé la Voie et dont le titre était l'Éveillé (*fo*, Bouddha). Il vole à travers le vide et son corps a l'éclat du soleil. Il doit s'agir de cette divinité." Alors l'empereur s'éveilla[150] et envoya dix-huit personnes parmi les Grands Yuezhi, dont l'officier du palais Cai Yin, le chef de la garde Qin Jing, et l'étudiant de l'académie Wang Zun. Ils notèrent par écrit le *Sūtra en quarante-deux sections* qui fut conservé dans la quatorzième salle de la bibliothèque des archives impériales. Un temple dédié au Bouddha fut alors construit à l'extérieur de la porte Xiyong de la capitale Luoyang. Sur ses murs furent peints mille chars et dix mille cavaliers tournant trois fois autour d'un *stūpa*. De plus, on érigea des images du Bouddha sur la porte Kaiyangcheng et sur la terrasse Qingliang du palais du Sud. L'empereur Ming faisait construire à l'avance son mausolée, qu'il avait appelé « Xianjie » [« Fidélité éclatante »]. Sur ce mausolée fut également édifiée une représentation du Bouddha. À cette époque, l'empire était riche et le peuple en paix, les peuples les plus lointains admiraient la justice [régnant en terre des Han]. Dès lors ceux qui étudiaient [la Voie du Bouddha] se multiplièrent[151].

---

150. À propos du rêve de l'empereur Ming, voir introduction, p. XXXVIII-XXXVIII. La description du Bouddha fait encore appel à la terminologie bouddhique, la technique employée pour identifier le Bouddha est l'oniromancie, dont on peut se demander d'ailleurs si elle a lieu dans le rêve ou après le rêve, vu le moment où il est dit que « l'empereur s'éveilla ».

151. Ce passage attribue au souverain le rôle de diffuser la Loi bouddhique.

22. 問曰：老子云：智者不言，言者不智。又曰：大辯若訥，大巧若拙。君子恥言過行。設沙門有至道，奚不坐而行之，何復談是非論曲直乎？僕以為此行德之賊也[93]。

牟子曰：來春當大饑今秋不食，黃鍾應寒蕤賓重裘，備豫雖早不免於愚。老子所云：謂得道者耳，未得道者何知之有乎！大道一言而天下悅，豈非大辯乎！老子不云乎：功遂身退，天之道也。身既退矣，又何言哉！今之沙門未及得道，何得不言。老氏亦猶言也。如其無言五千何述焉？若知而不言可也，既不

93. Longxing : 此德行之賊也.

VINGT-DEUXIÈME ARGUMENT

— Laozi a dit : “Celui qui connaît [la Voie] n’en parle pas, celui qui en parle ne la connaît pas[152]”, et aussi : “La grande rhétorique semble muette, la grande habileté semble maladroite[153].” La honte de l’homme de bien, c’est de voir ses paroles dépasser ses actions[154]. Supposons que certains moines possèdent la Voie suprême, pourquoi alors ne la pratiquent-ils pas assis et continuent-ils à discuter du vrai et du juste, du bon et du mauvais ? Je crois qu’ils se comportent ainsi en ennemis de la vertu[155].

Meou-tseu : Cesser de se nourrir en automne car une grande famine est annoncée pour le printemps, se couvrir de deux manteaux au solstice d’été pour se préparer à la froidure du solstice d’hiver, c’est faire preuve d’une grande prévoyance, mais de bêtise aussi malheureusement. Les paroles de Laozi concernaient celui qui a trouvé la Voie, mais quant aux autres, comment pourraient-ils la connaître ! La grande Voie à peine énoncée réjouit le monde entier, n’est-ce pas là la “grande rhétorique” ? Par ailleurs, Laozi n’a-t-il pas dit que “se retirer une fois l’œuvre accomplie, c’est la Voie du ciel[156]” ? Si vous êtes déjà retiré, à quoi bon parler en effet ? Les moines aujourd’hui ne sont pas encore parvenus à trouver la Voie, comment pourraient-ils ne pas en parler ? Laozi lui-même en a parlé. S’il n’en avait pas parlé, comment auraient été transmis ses cinq mille mots ? Il est acceptable de ne pas parler lorsque l’on connaît [la Voie]. N’être cependant

152. *Laozi*, 56.

153. *Laozi*, 45 (les deux propositions sont inversées).

154. Citation approximative des *Entretiens*, XIV, 29 : 子曰：君子恥其言而過其行. Traduction d’Anne Cheng, *op. cit.*, p. 116.

155. Voir *Entretiens*, XVII, 13 : 子曰：鄉原，德之賊也！; traduction d’Anne Cheng, *op. cit.*, p. 137 : « Le Maître dit : “Tous ces ‘honnêtes gens’ de village sont les pires ennemis de la vertu.” »

156. *Laozi*, 9.

能知又不能言，愚人也[94]。故能言不能行，國之師也。能行不能言，國之用也。能行能言，國之寶也。三品各有所施。何德之賊乎？唯不能言，又不能行，是謂賊也[95]。

23. 問曰：如子之言，徒當學辯達修言論，豈復治情性履道德乎？

牟子曰：何難悟之甚乎！夫言語談論各有時也。蘧瑗曰：國有道則直，國無道則卷而懷之。寧武子[96]國有道則智，國無道則愚。孔子曰：可與言而不與言失人，不可與言而與言失言。故智愚自有時，談論各有意。何為當言論而不行哉！

94. Longxing : 既不能知文不能言愚人也. Comme l'indique Aurousseau, 文 est probablement une erreur de copiste.

95. Longxing : 是賊也.

96. Longxing : 寧武子曰.

capable ni de la connaître, ni même d'en parler, c'est être stupide. Celui qui peut en parler, mais ne parvient pas à la mettre en pratique, est un maître pour le pays. Celui qui peut la mettre en pratique sans parvenir à en parler est un grand serviteur du pays. Celui qui est capable à la fois d'en parler et de la pratiquer est un trésor du pays. Ces trois catégories de personnes exercent chacune à leur manière des bienfaits. Des "ennemis de la vertu" ? Seuls ceux qui sont incapables d'en parler et de la pratiquer sont des "ennemis de la vertu".

VINGT-TROISIÈME ARGUMENT

— À vous écouter, il suffit d'étudier l'art du débat et de fourbir sa rhétorique. À quoi bon encore parfaire sa nature et pratiquer la Voie et sa vertu ?

MEOU-TSEU : Pourquoi est-il si dur de vous éveiller ? Le discours et le débat ont un temps. Qu Yuan (Qu Boyu) disait : "Quand le pays possède la Voie, je tiens droit mes principes. Quand le pays perd la Voie, je les enroule et les garde en mon sein." Ning Wuzi était sage en période d'ordre et fou en période de désordre. Confucius disait : "Ne pas parler à un homme avec qui on peut parler, c'est perdre un homme. Parler à un homme avec qui il est impossible de parler, c'est perdre ses mots." Comme sagesse et folie ont chacune leur temps, le débat a sa propre portée. Comment pourrait-il s'agir de débattre seulement sans jamais pratiquer ?

24. 問曰：子云[97]佛道至尊至快無為憺怕, 世人學士多謗[98]毀之云, 其辭說廓落難用, 虛無難信, 何乎？

牟子曰 ：至味不合於眾口，大音[99]不比於眾耳。作咸池設大章，發簫韶咏九成，莫之和也。張鄭衛之絃歌時俗之音，必不期而拊手也。故宋玉云 ：客歌於郢，為下里之曲，和者千人。引商激[100]角，眾莫之應。

97. Le *Tripiṭaka* coréen donne : 云何 ; je suis ici le Pingjinguan.
98. 謗 : Pingjinguan donne : 譏.
99. 大音 : Pingjinguan donne : 至音.
100. 激 : Pingjinguan donne : 徵.

VINGT-QUATRIÈME ARGUMENT

— Vous dites que la Voie du Bouddha est éminemment louable et appréciable, [qu'elle mène] au *wuwei*[157] et au calme. Pourtant, nombreux sont les hommes d'étude et les contemporains qui la dénigrent en disant que son expression, floue, est d'un usage difficile, vide, n'inspire pas la foi. Pourquoi donc ?

MEOU-TSEU : La saveur suprême ne s'accorde pas à la multitude des goûts, le son suprême n'est pas accessible à toutes les oreilles. Nul ne chante en chœur lorsque sont exécutés les hymnes de *L'Étang de l'Union*[158] ou de *La Grande Clarté*[159], ou lorsque sont entonnés l'air de *La Continuité pour flûte*[160] et ses neuf variations. Mais lorsque retentissent les cordes des royaumes de Zheng et de Wei[161] et que sont chantés les airs de l'époque, aussitôt tous battent des mains. Ainsi Song Yu[162] a-t-il dit : "Un visiteur de passage à Ying[163] se mit à chanter une ritournelle de village et mille personnes chantèrent alors à l'unisson. Lorsqu'il étira la note *shang* et atteignit la note

157. Comme dans l'occurrence précédente, l'expression *wuwei*, utilisée pour traduire la notion de *nirvāṇa*, semble conserver un contenu en réalité plus proche de la spontanéité et l'absence d'intervention taoïstes.

158. Cet hymne ancien est attribué parfois à l'Empereur Jaune, parfois à l'empereur Yao.

159. Cet hymne est associé à l'empereur Yao et symbolise l'éclat de sa vertu.

160. Cet hymne est associé à l'empereur Shun, qui continua l'œuvre de Yao. Selon le chapitre « Mémoires sur la musique » 樂記 des *Mémoires sur les rites* 禮記 : « L'air de *La Grande Clarté* le manifeste avec éclat ; *L'Étang de l'Union* est complétude ; l'air de *Xiao shao* est continuité. » 《大章》，章之也；《咸池》，備矣，《韶》，繼也.

161. Depuis que Confucius dans ses *Entretiens* a condamné les « airs lascifs » des royaumes de Zheng et de Wei (ou surtout l'usage qui en était fait par l'élite dirigeante), la « musique de Zheng et de Wei » symbolise, par contraste avec la musique rituelle, une musique (et une danse) qui ne vise(nt) qu'à procurer un plaisir personnel à celui qui la fait exécuter.

162. Célèbre poète du royaume de Chu, ayant vécu à la veille de la fondation de l'empire par la dynastie des Qin. Certaines sources comme le *Han shi waizhuan* 韓詩外傳 le considèrent comme un disciple de Qu Yuan 屈原.

163. Capitale du royaume de Chu.

此皆悅邪聲,不曉於大度者也。韓非以管闚之見而謗[101]堯舜。接輿以毛氂之分而刺仲尼。皆耽小而忽大者也。夫聞清商而謂之角,非彈絃之過,聽者之不聰矣。見和璧而名之石,非璧之賤也,視者之不明矣。神蛇能斷而復續,不能使人不斷也。靈龜發夢於宋元,不能免豫苴[102]之網。大道無為

101. Le *Tripiṭaka* coréen donne : 讓 ; je suis ici le Pingjinguan.
102. Pingjinguan : 且.

jiao, plus personne dans la foule ne réagit[164]." C'est que tous se réjouissent d'une musique déréglée mais restent fermés à la grandeur. Han Fei dont les vues étaient extrêmement étroites critiqua [la Voie de] Yao et Shun, Jieyu qui coupait les cheveux en quatre moqua Confucius. Tous deux portaient leur attention sur le détail et négligeaient l'important. Lorsque quelqu'un, entendant la note "pur *shang*", dit que c'est la note *jiao*, la faute en incombe à sa mauvaise oreille, et non à celui qui a fait vibrer la corde. Lorsque quelqu'un apercevant le jade du sieur He dit que c'est un caillou[165], la faute en incombe à son absence de clairvoyance, et non à la mauvaise qualité du jade. Le serpent divin, une fois coupé, peut se reconstituer, mais il ne peut empêcher que des hommes ne le coupent[166]. La tortue divine peut se montrer en rêve au seigneur Yuan du royaume de Song, mais elle ne peut éviter les filets de Yu Qie[167]. Le *wuwei*

---

164. Meou-tseu cite ici en l'adaptant un passage de la « Réponse à une question du roi de Chu » 對楚王問 de Song Yu : voir *Wenxuan* 文選, Taipei, Huazheng shuju, 2000, chap. XLV, p. 627 : 客有歌於郢中者，其始曰下里巴人，國中屬而和者數千人。其為『陽阿薤露』，國中屬而和者數百人；其為『陽春白雪』，國中屬而和者不過數十人；引商刻羽，雜以流徵，國中屬而和者，不過數人而已。是其曲彌高，其和彌寡。.

165. Voir *Han Fei zi*, chap. XIII « Heshi » (« Le Sieur He ») ; traduction de Jean Levi, *Han-Fei-tse ou le Tao du Prince*, Paris, Éditions du Seuil, 1999, p. 144 : « Il y avait au Chu un certain monsieur He, qui trouva sur les monts Chu un jade brut. Il s'empressa de l'offrir au roi Li. Celui-ci le fit examiner par ses joailliers. Ils décrétèrent : "Ce n'est qu'un vulgaire caillou !" Persuadé que He s'était moqué de lui, le roi le fit amputer du pied droit. »

166. Cette anecdote se retrouve dans le *Huainan zi*, chap. XVI, dans les mêmes termes.

167. Cette anecdote est rapportée dans le *Zhuangzi*, « Wai wu pian » 外物篇 : Une tortue divine avertit le prince Yuan de Song qu'un pêcheur nommé Yu Qie 余且 va la prendre dans ses filets. Au réveil, le prince fait amener le pêcheur, qui a en effet attrapé une tortue blanche. Le prince se demande s'il doit laisser la vie sauve à la tortue ou la sacrifier, mais la divination se montrant favorable au sacrifice, la tortue finit dépecée. Confucius en tire alors une réflexion sur les limites de la perspicacité et des pouvoirs divins. À propos de l'apparition de tortues ou de poissons dans les rêves, voir Richard E. Strassberg (trad.), *Wandering Spirits: Chen Shiyuan's Encyclopedia of Dreams*, Berkeley, University of California Press, 2008, chap. XVII « Turtles and Fishes ».

非俗所見，不為譽者貴，不為毀者賤。用不用自天也，行不行乃時也，信不信其命也。

25. 問曰：吾子以經傳理佛說[103]，其辭富而義顯，其文熾而說美，得無非其誠，是子之辯也。

牟子曰：非吾辯也，見博故不惑耳。

問曰：見博其有術乎？

牟子曰：由佛經也。吾未解佛經之時，惑甚於子。雖誦五經適以為華，未成實矣。既吾[104]睹佛經之說，覽老子之要，守恬惔[105]之性，觀無為之行。還視世事，猶臨天井而闚溪谷，登嵩岱而見丘垤矣。五經則五味，佛道則五穀矣。

103. Pingjinguan : 佛之說.
104. Pingjinguan : 吾既.
105. Pingjinguan : 惔.

qui est celui de la Voie suprême (celle du Bouddha) n'est pas perçu par le vulgaire. Il n'est pas élevé par les éloges, ni diminué par les critiques. Son usage dépend du ciel, sa mise en pratique dépend du moment, et la foi qu'on lui porte ou non est déterminée par le destin.

VINGT-CINQUIÈME ARGUMENT

— Vous expliquez l'enseignement du Bouddha à l'aide des Classiques et des commentaires, votre expression est riche et son sens éclatant, votre style est brillant et sa force de conviction impressionnante. Si vous parvenez toujours à tomber juste, c'est grâce à votre habileté rhétorique[168].

MEOU-TSEU : Ce n'est pas grâce à mon habileté rhétorique, mais parce que j'ai une vision large et qu'ainsi je ne me fourvoie pas.

— Avez-vous pour cela usé d'une technique particulière ?

— J'ai suivi les *Sūtra* du Bouddha. À l'époque où je ne les avais pas encore compris, j'étais dans une confusion plus grave encore que la vôtre. J'avais beau réciter les cinq Classiques, je n'en voyais que les fleurs et ils ne portaient pas leurs fruits. Après avoir considéré l'enseignement des *Sūtra* du Bouddha, examiné l'essentiel du *Laozi*, maintenu en moi une nature paisible, j'ai observé l'efficacité de l'agir sans intention, puis je suis retourné voir les affaires du monde : c'était comme apercevoir ruisseaux et plaines depuis la passe du Puits céleste, monts et monticules depuis les sommets des montagnes Songshan[169] et Daishan[170]. Les cinq Classiques

---

168. J'opte ici pour une interprétation assez différente de celle de Paul Pelliot et John P. Keenan. Tous deux considèrent que l'interlocuteur dénonce le manque de justesse des propos de Meou-tseu, que ne suffit pas à voiler son habileté rhétorique.

169. L'un des cinq pics sacrés.

170. Un autre nom de la montagne Taishan, qui fait également partie des cinq pics sacrés.

吾自聞道以來,如開雲見白日,矩[106]火入冥室焉[107]。

26. 問曰:子云佛經[108]如江海其文如錦繡。何不以佛經答吾問,而復引詩書?合異為同乎?

牟子曰:渴者不必須江海而飲,飢者不必待敖倉而飽。道為智者設,辯為達者通,書為曉者傳,事為見者明[109]。吾以子知其意故引其事。若說佛經之語,談無為之要,譬對盲者說五色,為聾者奏五音也。師曠雖巧不能彈無絃之琴,

106. Pingjinguan : 炬.

107. Taiping yulan, juan 653, p. 2918 : 子得佛道以來, 良有益否?牟子曰:吾自得佛道來, 如開浮雲見白日, 如執火入冥室矣.

108. Le Longxing donne seulement 經 ; je retiens ici le texte du Pingjinguan.

109. Le texte actuel du *Xinyu* de Lu Jia donne : 道為智者設, 馬為御者良, 賢為聖者用, 辯為達者通, 書為曉者傳, 事為見者明. (chap. II, 5).

sont les cinq saveurs, et la Voie du Bouddha les cinq céréales. Depuis que j'ai entendu parler de cette Voie, c'est comme si, les nuages dissipés, je voyais le soleil, ou comme si, entrant dans une pièce sombre, je tenais une torche.

VINGT-SIXIÈME ARGUMENT

— Vous dites, cher maître, que les textes canoniques du Bouddha sont aussi vastes que les fleuves et les océans, et aussi beaux que du brocard. Pourquoi donc ne répondez-vous pas à mes questions à l'aide de ces textes, et persistez-vous à citer les *Odes* et les *Documents* ? N'est-ce pas une manière d'assimiler ce qui est différent ?

MEOU-TSEU : Qui a soif n'a pas forcément besoin de l'immensité des fleuves et des mers pour se désaltérer. Qui a faim n'attend pas d'avoir un grenier bien rempli pour se rassasier. La Voie s'établit grâce aux hommes perspicaces, les discours deviennent pénétrants grâce aux esprits accomplis, les textes sont transmis grâce à ceux qui les comprennent, les affaires mises en lumière grâce aux clairvoyants[171]. Je cite tel ou tel fait [rapporté dans les Classiques] dans la mesure où je sais que vous en comprendrez la signification. Si, m'exprimant dans le langage des *Sūtra* bouddhiques, je discutais des grands principes du *nirvāṇa* [172], cela reviendrait à parler des couleurs à un aveugle ou à produire des sons pour un sourd. Le maître de

171. Voir Stéphane Feuillas et Béatrice L'Haridon (trad.), *Lu Jia Xinyu, Nouveaux discours*, *op. cit.*, II, 5, p. 21 : « La Voie s'établit grâce aux hommes perspicaces, le cheval trouve sa valeur grâce au cocher, les sages leur utilité grâce au saint Souverain, les discours deviennent pénétrants grâce aux esprits accomplis, les textes sont transmis grâce à ceux qui les comprennent, les affaires mises en lumière grâce aux clairvoyants. »

172. Ici, *wuwei* me semble pris dans son sens « étranger » de *nirvāṇa*. S'il s'agissait du « non-agir » taoïste, cela ne ferait pas sens dans ce contexte, où Meou-tseu insiste sur l'impossibilité première de communiquer à son interlocuteur des notions nouvelles, exprimées dans un langage différent.

狐貉雖熅不能熱無氣之人。公明儀[110]為牛彈清角之操，伏食如故。非牛不聞，不合其耳矣。轉為蚊虻之聲，孤犢之鳴，即掉尾奮耳蹀躞而聽[111]。是以詩書理子耳。

27. 問曰：吾昔在京師，入東觀遊太學。視俊士之所規，聽儒林之所論，未聞修佛道以為貴，自損容以為上也。吾子曷為耽之哉！夫行迷則改路，

110. Le *Tripiṭaka* coréen donne 義, caractère fautif.
111. Taiping Yulan, *juan* 945, p. 4195 : 牟子曰：昔公明儀為牛彈清角之操，伏食如故。轉為蚊虻之聲，則翹尾而躡蹀.

musique Kuang a beau être éminemment doué, il ne pourra faire vibrer une cithare sans corde. La pelisse de renard a beau être chaude, elle ne pourra réchauffer un homme sans vie. Lorsque Gongming Yi joua devant un buffle la mélodie *Qingjiao*, celui-ci resta le museau plongé dans son foin. Or, le buffle l'entendait bien, mais ce son ne s'accordait pas à son oreille. En revanche, il suffit que ce même buffle entende le sifflement d'un moustique ou l'appel d'un veau esseulé, et le voilà qui se met à écouter en piétinant, en redressant ses oreilles et en agitant sa queue. Voilà pourquoi je tâche d'affiner votre oreille à l'aide des *Odes* et des *Documents*.

VINGT-SEPTIÈME ARGUMENT

— Auparavant, lorsque j'étais à la capitale [Luoyang][173], je suis entré dans le pavillon de l'Est[174] et j'ai visité l'Académie impériale ; j'ai pu y observer les préoccupations des lauréats[175] et écouter les discussions des lettrés : jamais je ne les ai entendus parler de la valeur de la Voie bouddhique ou vanter le fait de se donner une apparence misérable[176]. Pourquoi, cher maître,

173. La capitale ayant été mise à sac en 190, il paraît étrange que l'interlocuteur ignore la destruction de la bibliothèque impériale. Paul Pelliot ne relève pas le problème. Mais s'il s'agit de souvenirs relativement lointains, il serait hors sujet que l'interlocuteur mentionne un tel événement, puisque ce qui l'intéresse est de souligner l'hétérogénéité entre la culture lettrée « officielle » et le bouddhisme.

174. La bibliothèque impériale.

175. Ceux qui ont été acceptés au sein de l'Académie impériale.

176. Pour la traduction de l'expression *sun rong* 損容, qui s'écarte des traductions existantes (Paul Pelliot la comprenant comme « mépris de soi-même » et John P. Keenan comme « thought themselves at any disadvantage »), je me suis référée à un commentaire du *Laozi*, le *Laozi zhigui* 老子指歸, *juan* 4, commentant la notion de « parcimonie » *se* 嗇 dans le *Laozi*, verset 59 : « La parcimonie est le principe essentiel pour gouverner le pays et laisser vivre le peuple. Ainsi, roi éclairé et sage souverain réduisent leur apparat : ils diminuent [le luxe de] leurs palais, ils s'écartent [de l'abondance] des cinq saveurs, ils en terminent avec la musique et la beauté [des danseuses

術窮則反故，可不思與[112]？

牟子曰：夫長於變者不可示以詐，通於道者不可驚以怪，審於辭者不可惑以言，達於義者不可動以利也[113]。老子曰：名者身之害，利者行之穢。又曰：設詐立權，虛無自貴。修閨門之禮術、時俗之際會，赴趣間隙務合當世，此下士之所行，中士之所廢也。況至道之蕩蕩，上聖之所行乎！杳兮如天，淵兮如海，不合闚牆之士、數仞之夫，固其宜也。彼見其門我睹[114]其室，彼採其華我取其

112. Pingjinguan : 歟.

113. *Cf.* Lu Jia, *Xinyu*, XII, 1 : 夫長於變者，不可窮以詐。通於道者，不可驚以怪。審於辭者，不可惑以言。達於義者，不可動以利.

114. Pingjinguan : 觀.

vous y consacrer ainsi ? Qui s'est perdu doit changer de route, qui a utilisé une méthode sans obtenir aucun résultat doit recommencer [d'une autre manière]. Vous devriez y songer.

MEOU-TSEU : Qui est maître en transformations ne peut être mis en difficulté par la ruse ; qui a une perception globale de la Voie ne peut être effrayé par l'étrange ; qui a examiné l'art de l'expression ne peut être déconcerté par les mots ; qui a compris l'équité ne peut plus être perturbé par le profit[177]. Selon les mots de Laozi : "Le renom est vermine de la vie. Le profit est pollution de l'action[178]." Il a dit aussi : "Certains montent des plans perfides pour affermir leur pouvoir, d'autres demeurent vides, prisant leur propre personne[179]." Ceux qui s'appliquent à acquérir les manières du palais et à s'accointer avec le vulgaire, qui sont attirés par les recoins où ils pourront s'affairer à suivre leur temps, sont des officiers de bas rang. Même un officier moyen évite un tel comportement. Que dire alors de l'immensité de la Voie parfaite, sur laquelle cheminent les plus grands sages, aussi élevée que le ciel, aussi profonde que l'océan ! Il est tout à fait normal qu'une telle immensité ne convienne pas à un lettré des encoignures ou à un homme entouré de petits murs. Là où d'autres ne voient que la porte,

---

de cour]. » 治國之道， 生民之本，畜為祖宗，是故明王聖主損其容，卑宮室，絕五味，滅聲色.

177. Citation du chapitre XII « Si wu » 思務 des *Nouveaux discours* de Lu Jia : « Qui est maître en transformations ne peut être mis en difficulté par la ruse ; qui a une perception globale de la Voie ne peut être effrayé par l'étrange ; qui a examiné l'art de l'expression ne peut être déconcerté par les mots ; qui a compris l'équité ne peut être perturbé par le profit. » 夫長於變者，不可窮以詐。通於道者，不可驚以怪。審於辭者，不可惑以言。達於義者，不可動以利。Voir Stéphane Feuillas et Béatrice L'Haridon (trad.), *Lu Jia Xinyu, Nouveaux discours*, *op. cit.*, XII, 1, p. 86.

178. Cette citation est absente du *Laozi* transmis. On trouve la même sentence dans le *Miao zhen jing* 妙真經, aujourd'hui perdu mais dont certains passages sont conservés dans le *Wushang miyao* 無上秘要, chap. « Xiushen yangsheng pin » 修真養生品 : Voir *Zhengtong Daozang* 正統道藏 (Canon taoïste), Taipei, Xinwenfeng chuban, 1977, vol. XLII (CT 1138 d'après Kristofer Shipper, *Concordance du Tao-tsang. Titres des ouvrages*, Paris, EFEO, 1975).

179. Cette citation est également absente du *Laozi* transmis.

實,彼求其備我守其一。子速改路吾請履之。[115] 禍福之源,未知何若矣。

28. 問曰:子以經傳之辭、華麗之說,褒讚佛行,稱譽其德。高者凌清[116]雲,廣者踰地圻,得無踰其本過其實乎?而僕譏刺頗得疹中而其病也[117]。

牟子曰:吁!吾之所褒,猶以塵埃附嵩泰,

115. Pingjinguan ajoute : 故.

116. Pingjinguan : 青.

117. Deux caractères semblent avoir été intervertis : ma traduction se fonde sur le texte suivant : 而僕譏刺頗得疹而中其病也.

j'examine la salle, là où d'autres cueillent la fleur, je prends le fruit, là où d'autres recherchent la totalité, je garde l'unité. Alors que vous me pressez de changer de voie, je vous invite moi à y cheminer[180]. [Vous] ne savez rien encore de la manière dont surviennent bonheur et calamité[181].

VINGT-HUITIÈME ARGUMENT

— Avec les mots tirés des Classiques et des commentaires et avec vos paroles richement ornées, vous faites l'éloge des actions du Bouddha, et portez aux nues ses vertus. Leur hauteur atteindrait celle des nuages dans l'azur, leur étendue dépasserait celle de la terre. Mais ne vous êtes-vous pas trop éloigné des origines, et n'avez-vous pas outrepassé la réalité [de ses actions] ? Il me semble que j'ai quant à moi percé à jour ses défauts[182].

MEOU-TSEU : Ah ! Je formule ces éloges comme un qui viendrait ajouter des poussières aux montagnes Taishan et

180. Dans cet argument, ainsi que dans le suivant, semble s'introduire un moment d'impossibilité du débat, où est approfondie l'incompatibilité des points de vue des deux interlocuteurs.

181. Le sujet n'est pas précisé, et de plus le lien de cette phrase avec ce qui précède n'est pas très clair. Cependant, la formulation de la question laisse supposer que l'interlocuteur s'inquiète de ce que la Voie bouddhique ne soit une impasse, n'ouvrant vers aucune carrière. Meou-tseu lui montrerait alors qu'il a compris le sens profond de cette question en lui signifiant que sa conception du bonheur, ou de la calamité, n'est pas si assurée qu'il le croit.

182. Alors que Meou-tseu exagère l'ampleur du Bouddha avec ses paroles, son contradicteur « dégonfle la baudruche » (utilisation d'un vocabulaire médical), pointe ses défauts. Il semble ainsi souligner qu'il est dans une démarche plus raisonnée que l'éloge forcené de Meou-tseu. La réponse affirme de manière paradoxale l'inutilité de la controverse, de quelque côté que l'on se situe : ni son interlocuteur ne pourra porter atteinte à la Voie bouddhique, ni Meou-tseu lui-même ne lui apportera quoi que ce soit par sa défense (吾所褒不能使佛高。子之毀不能令其下也). Le paradoxe apparaît plus nettement encore lorsque ce passage est rapproché du projet formulé dans la préface, qui affirmait la nécessité pour Meou-tseu de se jeter dans l'arène par l'écriture.

收朝露投江海。子之所謗,猶握瓢觚欲減江海,躡耕耒欲損崑崙,側一掌以翳日光,舉土塊以塞河衝。吾所褒不能使佛高,子之毀不能令其下也。

29. 問曰:王喬、赤松、八仙之籙,神書百七十卷,長生之事,與佛經豈同乎?

牟子曰:比其類,猶五霸之與五帝,陽貨之與仲

Songshan, ou qui recueillerait la rosée du matin pour la jeter dans la mer[183] ; vous proférez vos critiques comme un qui, muni d'une calebasse, chercherait à faire baisser le niveau de la mer, ou qui enfoncerait le soc d'une charrue pour raboter les monts Kunlun, ou encore qui lèverait la main pour cacher l'éclat du soleil, prendrait une motte de terre pour arrêter le courant d'un fleuve. Mes éloges ne peuvent élever le Bouddha comme vos calomnies ne peuvent l'abaisser.

VINGT-NEUVIÈME ARGUMENT

— Les registres de Wang Qiao[184], Chi Song[185] et des huit immortels, le livre des hommes divins en cent soixante-dix chapitres[186], tous se préoccupent de longue vie. Ces textes sont-ils similaires aux *Sūtra* du Bouddha ?

MEOU-TSEU : Si l'on compare les catégories [auxquelles ces textes appartiennent respectivement], ils entretiennent le même rapport que les cinq tyrans avec les cinq empereurs ou

---

183. Le texte dit exactement : « dans le Grand Fleuve ou dans la mer », de même dans l'occurrence suivante.

184. Sur cet immortel, parfois aussi nommé Wangzi Qiao 王子喬, voir l'article de Marianne Bujard, « Le culte de Wangzi Qiao ou la longue carrière d'un immortel », *Études chinoises*, vol. XIX, nº 1-2, printemps-automne 2000, p. 115-158. Un passage d'une stèle érigée en 165 (traduite dans l'article cité, p. 129-130) montre combien la figure de l'immortel, dont le culte impliquait notamment des pratiques de méditation, pouvait se prêter à la confusion avec celle du Bouddha : « Le seigneur Wang jouit d'une vertu divine, il préserve sa lumière et conserve sa pureté. Il résonne avec le grand *dao* et aspire à l'immortalité. Il flotte sur le vent grossissant, abandonne les usages de ce monde et s'envole dans un corps subtil… »

185. Chi Song, ou Chi Songzi 赤松子 « maître Pin rouge » est un immortel souvent associé à Wang Qiao.

186. Ce *Shenshu* 神書 serait le *Taiping jing* 太平經 transmis à Yu Ji 于吉 par Taishang Laojun 太上老君, dont une bonne part serait déjà perdue sous les Jin et les Liu-Song. Voir Grégoire Espesset, « Editing and Translating the *Taiping Jing* and the Great Peace Textual Corpus », *Journal of Chinese Studies*, nº 48, 2008, p. 469-486.

尼。比其形, 猶丘垤之與華恒, 涓瀆之與江海。比其文, 猶虎鞹之與羊皮, 斑紵之與錦繡也。道有九十六種, 至於尊大, 莫尚佛道也。神仙之書, 聽之則洋洋盈耳, 求其效猶握風而捕影。是以大道之所不取, 無為之所不貴。焉得同哉!

30. 問曰:為道者或辟穀不食, 而飲酒啖肉, 亦云老氏之術也。然佛道以酒肉為上誡, 而反食穀。何其乖異乎?

牟子曰:眾道叢殘凡有九十六種, 澹泊[118]無為莫尚於佛。吾觀老氏上下之篇, 聞其禁五味之戒,

118. Pingjinguan : 憺怕.

que Yang Huo avec Confucius. Si l'on compare leur forme générale, ils entretiennent le même rapport que les monticules avec les monts Hua et Heng[187] ou que les ruisseaux avec le Grand Fleuve et les mers. Si l'on compare leur style, il en est comme de la peau raclée d'un tigre et de la toison d'un mouton, comme d'un tissu de chanvre bigarré et de brocarts et broderies. Il existe quatre-vingt-seize types de voies[188], mais si l'on en considère le prestige et l'importance, aucune d'entre elles ne dépasse la Voie du Bouddha. Les textes des hommes divins et des immortels nous emplissent d'enthousiasme à leur écoute, mais lorsqu'on en cherche l'effet, il semble que l'on n'attrape que du vent et que l'on ne poursuive que des ombres. C'est pour cette raison que la Voie suprême n'en retire rien, et que le *wuwei* ne leur reconnaît aucune valeur. Comment pourrait-on assimiler [ces textes à ceux du Bouddha] ?

TRENTIÈME ARGUMENT

— Ceux qui pratiquent la Voie s'abstiennent parfois de céréales, mais boivent du vin et consomment de la viande. Ils disent que c'est là une technique transmise par Laozi. En revanche, la Voie bouddhique tient la consommation d'alcool et de viande pour un interdit majeur, mais autorise les céréales. Comment se fait-il que ces deux doctrines s'opposent ainsi ?

MEOU-TSEU : Les diverses doctrines, quatre-vingt-seize en tout, sont multiples et incomplètes. En ce qui concerne le détachement et le *wuwei*, il n'est aucune Voie supérieure à celle du Bouddha. J'ai lu les deux volumes du *Laozi*, et

187. Deux des cinq pics sacrés, respectivement le pic le plus septentrional et le pic le plus occidental.

188. Selon certains textes bouddhiques, quatre-vingt-seize est le nombre des doctrines hétérodoxes et ne comprend donc pas la Voie du Bouddha. Ici, Meou-tseu suit unc autre tendance qui inclut le bouddhisme parmi les quatre-vingt-seize doctrines.

未睹其絕五穀之語。聖人制七典之文, 無止糧之術。老子著五千文[119], 無辟穀之事。聖人云: 食穀者智, 食草者癡, 食肉者悍, 食氣者壽。世人不達其事, 見六禽閉氣不息, 秋冬不食, 欲效而為之。不知物類各自有性。猶磁石取鐵不能移毫毛矣。

31. 問曰 : 穀寧可絕不乎 ?

牟子曰 : 吾未解大道之時, 亦嘗學焉。辟穀之法數千百術, 行之無效, 為之無徵, 故廢之耳。觀吾所從學師三人, 或自稱七百、五百、三百歲。然吾從其學, 未三載[120]間各自殞沒。所以然者,

119. Pingjinguan : 五千之文.
120. Pingjinguan : 歲.

y ai trouvé en effet un interdit sur les cinq saveurs, mais rien sur les cinq céréales. Dans le texte des sept Classiques établi par le sage Confucius comme dans le texte de cinq mille caractères composé par Laozi, rien ne nous parle d'une pratique d'abstinence des céréales. Le sage a dit : "Ceux qui mangent des céréales sont perspicaces, ceux qui mangent des herbes sont stupides, ceux qui mangent de la viande sont téméraires, ceux qui mangent du souffle vivent longtemps[189]." Les hommes de notre temps n'ont pas saisi le fond de cette parole, et voyant que les animaux sauvages cessaient de respirer et ne mangeaient plus pendant l'automne et l'hiver, voulurent agir à leur manière. Ils ignoraient ainsi que chaque catégorie d'êtres possède son fonctionnement propre : ainsi, un aimant attirera le métal mais sera incapable de faire frémir ne seraitce qu'une plume.

TRENTE ET UNIÈME ARGUMENT

— Ne vaut-il pas mieux s'abstenir de manger des céréales ?

MEOU-TSEU : Il m'est arrivé d'étudier les innombrables techniques d'abstinence lorsque je n'avais pas encore saisi la Voie dans toute son ampleur. Comme elles avaient toutes en commun d'être dénuées d'effet et donc de preuve, j'en abandonnai l'étude. Considérons les trois maîtres auprès desquels j'ai appris ces techniques : ils prétendaient être âgés qui de sept siècles, qui de cinq, qui de trois. Pourtant, alors que j'étais à leur école, il ne leur a pas fallu trois ans pour

189. Cette citation n'apparaît pas dans les *Entretiens* de Confucius. On trouve cependant un texte très proche dans le *Dadai Liji* 大戴禮記 (chap. « Yi ben ming » 易本命) : 食草者善走而愚，食桑者有絲而蛾，食肉者勇敢而捍，食穀者智惠而巧，食氣者神明而壽，不食者不死而神. Voir *Dadai Liji*, vol. IV, *juan* 13, p. 240, éd. Qinding Siku quanshu 欽定四庫全書. Le même texte se retrouve quasiment à l'identique dans le *Kongzi jiayu* 孔子家語 (chap. « Zhi pei » 執轡) et le *Huainan zi* 淮南子 (chap. « Di xing xun » 墬形訓).

蓋由絕穀不食而啖百果，享肉則重盤，飲酒則傾樽。精亂神昏穀氣不充，耳目迷惑淫邪[121]不禁。吾問其故何，答曰：老子云：損之又損之[122]，以至於無為。徒當日損耳。然吾觀之，但日益而不損也。是以各不至知命而死矣。且堯舜周孔各不能百載。而末世愚惑，欲服食辟穀求無窮之壽，哀哉！

32. 問曰：為道之人云：能卻疾不病，不御針藥而愈，有[123]之乎？何以佛家有病而進針藥耶？

牟子曰：老子云：物壯則老。謂之不道。不

121. Pingjinguan : 迷婬邪.
122. Pingjinguan : 損之又損.
123. Pingjinguan : 信有.

mourir l'un après l'autre. Voici ce qui causa sûrement une telle hécatombe : du fait de l'abstinence, ils ne consommaient pas de céréales mais se gavaient de toutes sortes de fruits. Ils prenaient toujours double ration de viande et vidaient force cruchons de vin. Leur esprit perturbé et assombri ne recevait pas l'énergie insufflée par les céréales, leurs sens dévoyés se plongeaient dans des excès sans limite. Lorsque je leur demandais ce qui justifiait un tel régime de vie, ils me répondaient : "Laozi a dit : 'Diminuer et encore diminuer, jusqu'à atteindre le *wuwei*.'" Ce qu'ils voyaient seulement comme un quotidien régi par la diminution, je le considérais plutôt comme un quotidien régi par l'excès, tout le contraire d'une diminution ! Et voilà pourquoi tous les trois moururent avant même d'avoir atteint l'âge où l'on connaît le décret du ciel[190]. De plus, aucun parmi Yao, Shun, le duc de Zhou et Confucius n'a atteint l'âge de cent ans ! Mais les gens de notre siècle sont abrutis et confus, et cherchent à atteindre une longévité sans limite grâce à un régime alimentaire sans céréales ! Quelle pitié !

TRENTE-DEUXIÈME ARGUMENT

— Ceux qui pratiquent la Voie [des chercheurs de longue vie] disent que l'on peut éviter les affections et ne jamais tomber malade, ou se soigner sans recourir aux aiguilles et aux médications, est-ce vrai ? Comment se fait-il que les disciples du Bouddha tombent malades et se servent des aiguilles et médications ?

MEOU-TSEU : Selon Laozi, "les choses se renforcent puis vieillissent, c'est ce que j'appelle ne pas suivre la Voie ; ne pas

190. C'est-à-dire soixante-dix ans (l'expression est héritée des *Entretiens* de Confucius, où celui-ci dit qu'à soixante-dix ans, il connaissait le lot à lui imparti par le ciel). Il semblerait donc que Meou-tseu ait eu connaissance de l'âge réel de ses maîtres en immortalité…

道早已，唯有得道者不生。不生亦不壯，不壯亦不老，不老亦不病，不病亦不朽。是以老子以身為大患焉。武王居病，周公乞命。仲尼病[124]，子路請禱。吾見聖人皆有病[125]矣，未睹其無病也。神農嘗草殆死者數十，黃帝稽首，受針於岐伯。此之三聖，豈當不如今之道士乎！察省斯言，亦足以廢矣。

124. Pingjinguan : 有疾.
125. Pingjinguan : 有疾.

suivre la Voie et bientôt disparaître[191]." Seul celui qui est sur la Voie ne naît pas[192]. Ne naissant pas, il ne se renforce pas, et ne se renforçant pas, il ne vieillit pas. Ne vieillissant pas, il ne tombe pas malade, et ne connaît pas l'usure. Voilà pourquoi Laozi considérait le corps comme un grand malheur[193]. Le roi Wu alité, le duc de Zhou pria pour sa vie. Confucius malade, [son disciple] Zilu demanda à réciter la prière d'expiation[194]. Je constate que les sages furent tous sujets à la maladie, et je n'en ai vu aucun lui échapper. Lorsque Shennong (le Divin Laboureur) goûta les plantes, il frôla la mort plusieurs dizaines de fois[195]. L'Empereur Jaune se prosternant jusqu'à terre reçut de Qibo l'enseignement de l'acupuncture[196]. Ces trois sages (Shennong, l'Empereur Jaune et Qibo[197]) ne seraient-ils donc pas à la hauteur de nos actuels spécialistes de la Voie ? Si vous examinez bien ces paroles, elles suffiront à vous faire rejeter [les pratiques des chercheurs de longue vie].

---

191. *Laozi*, 55.

192. On pourrait être tenté de traduire « ne naît plus », et rien ne s'y oppose grammaticalement. J'ai préféré garder une certaine ambiguïté, car la visée bouddhique de non-renaissance est à peine évoquée ici.

193. *Laozi*, 13. Meou-tseu a déjà fait référence à ce verset du *Laozi* dans le douzième argument.

194. *Entretiens*, VII, 34. Voir la traduction d'Anne Cheng, *op. cit.*, p. 67-68.

195. L'histoire raconte d'ailleurs que c'est à l'occasion d'une de ses nombreuses intoxications que Shennong découvrit les vertus du thé. Ne se sentant pas bien, il s'allongea sous un arbre et fit bouillir de l'eau, dans laquelle tombèrent quelques feuilles de l'arbre. Comme à son habitude, il goûta sans souci des conséquences la boisson obtenue, et découvrit qu'elle avait le pouvoir de soulager bien des maux.

196. Voir *Huangdi neijing* 黃帝內經. Dans la partie intitulée « Suwen » 素問 de ce classique de la médecine rédigé entre la fin des Royaumes combattants et le début des Han, l'Empereur Jaune est mis en scène questionnant le médecin mythique Qibo sur son art. L'un de ces dialogues se termine par la manifestation du respect de l'empereur envers l'enseignement reçu, saluant par deux fois en se courbant jusqu'au sol.

197. Après avoir invoqué les sages de la tradition lettrée, Meou-tseu ne laisse aucune chance à son interlocuteur en convoquant également ces trois sages auxquels se réfèrent bien plus volontiers les chercheurs de longue vie.

33. 問曰：道皆無為一也，子何以分別羅列云其異乎？更令學者狐疑。僕以為費而無益也。

牟子曰：俱謂之草，眾草之性不可勝言。俱謂之金，眾金之性不可勝言。同類殊性，萬物皆然，豈徒道乎？昔楊墨塞群儒之路，車不得前，人不得步。孟軻闢之乃知所從。師曠彈琴俟知音之在後，聖人制法冀君子之將睹也。玉石同匱，猗頓為之改色[126]。朱紫相奪，仲尼

126. Pingjinguan : 於悒.

TRENTE-TROISIÈME ARGUMENT

— Les Voies reposent toutes sur le *wuwei* et en cela, elles ne forment qu'une seule Voie. Pourquoi donc persistez-vous à établir des distinctions et des classements, en disant que [leurs *wuwei*] sont différents ? Cela plonge les hommes d'étude dans une confusion plus grande encore. Je trouve pour ma part votre démarche aussi fatigante qu'inutile.

MEOU-TSEU : Le terme de "plante" englobe des plantes dont les vertus sont si diverses que l'on ne peut venir à bout de les énoncer. Le terme de "métal" englobe des métaux dont les qualités sont si diverses que l'on ne peut venir à bout de les énoncer. Une même catégorie comprend ainsi des choses de différentes natures. Il en est ainsi de tous les êtres, la Voie serait-elle la seule exception ! Autrefois, Yang Zhu et Mo Di obstruaient la route des lettrés, à tel point qu'aucun char ne pouvait plus avancer, ni même aucun homme cheminer. Meng Ke rouvrit la route et l'on sut désormais par où passer[198]. Le maître de musique Kuang jouait de la cithare en pensant à ceux qui plus tard comprendraient sa musique. Le sage [Confucius] définit les règles en espérant qu'un homme de bien les observerait plus tard. Quand jades et cailloux étaient mis dans la même boîte, Yi Dun[199] perdait son sang-froid. Lorsque le vermillon et le violet rivalisaient [en étant mis sur le même plan], Confucius

198. Cette métaphore d'un Mengzi bataillant contre ceux qui « obstruent » le libre développement de l'humanité et du juste est utilisée d'abord par Mengzi lui-même pour désigner la mission qu'il s'est donnée : voir *Mengzi*, IIIB, 9 : 楊墨之道不息，孔子之道不著，是邪說誣民，充塞仁義也。仁義充塞，則率獸食人，人將相食。吾為此懼. Elle est ensuite reprise et associée à la route ou la Voie par Yang Xiong, dont Meou-tseu reprend quasiment mot pour mot les termes. Voir *Fayan*, II, 20 (Béatrice L'Haridon [trad.], *Yang Xiong, Maîtres mots*, *op. cit.*, p. 20 : « Auparavant, Yang Zhu et Mo Di ont obstrué la route et Mengzi l'a rouverte par son argumentation, lui rendant son ampleur. Par la suite, d'autres sont venus obstruer la route, et j'ose me comparer à Mengzi. »

199. Yi Dun, à l'origine lettré misérable du royaume de Lu 魯, survivant à grand-peine en cultivant la terre, fit fortune en spéculant sur le sel. Cette figure est convoquée pour toute discussion sur la richesse.

為之歎息。日月非不明，眾陰蔽其光。佛道非不正，眾私掩其公。是以吾分而別之。臧文之智、微生之直，仲尼不假者。皆正世之語，何費而無益乎？

34. 問曰：吾子詘神仙抑奇怪，不信有不死之道，是也。何為獨信佛道當得度世乎？佛在異域，子足未履其地，目不見其所，徒觀其文而信其行。夫觀華者不能知實，視影者不能審形，殆其不誠乎？

en soupirait de douleur. Soleil et lune ont beau être lumineux, les nuages arrivant en masse cacheront leur éclat. La Voie du Bouddha a beau être juste, les égoïsmes arrivant en masse cacheront son universalité. Voilà pourquoi je dois diviser et distinguer. La sagesse de Zangwen Zhong[200] et la droiture de Weisheng Gao[201] ne furent pas louées par Confucius. Toutes ces distinctions amenèrent plus de justesse en leur temps, comment pourraient-elles être “aussi fatigantes qu'inutiles” ?

TRENTE-QUATRIÈME ARGUMENT

— Vous dénigrez les hommes divins et les immortels, tenez en piètre considération les phénomènes étranges et extraordinaires, et n'accordez aucune croyance à la Voie qui permettrait de ne pas mourir. Cela est bien, mais alors pourquoi croyez-vous que seule la Voie du Bouddha permet de sauver le monde ? Le Bouddha vivait en des terres étrangères que votre pied n'a jamais foulées, que vos yeux n'ont jamais vues. La seule observation de ses ornements[202] vous a conduit à croire en ses actions. Il est impossible cependant de connaître un fruit en observant sa fleur, ni d'examiner un corps en regardant son ombre. Ainsi [de votre discours] rien n'est donc prouvé directement[203].

---

200. Cet ancien ministre de Lu était resté réputé pour sa grande sagesse, que Confucius trouva cependant en défaut. Voir *Entretiens*, v, 17 ; traduction d'Anne Cheng, *op. cit.*, p. 51 : « Zangwen Zhong avait une grande tortue de Cai, pour laquelle il fit construire une salle aux colonnes ornées de montagnes et aux poutres bordées de plantes aquatiques. Quelle sagesse était-ce là, je vous le demande ? »

201. Personnage mal connu, qui devait être un modèle d'intégrité. Voir *Entretiens*, v, 23 ; traduction d'Anne Cheng, *op. cit.*, p. 53 : « Même un Weisheng Gao, comment le considérer comme un parangon de droiture ? Quelqu'un vint lui demander un peu de vinaigre. Au lieu de dire simplement qu'il n'en avait pas, il alla en chercher chez son voisin pour pouvoir lui en donner. »

202. Cette expression désigne probablement les textes.

203. Voir le dix-huitième argument, où la notion de *cheng* me semble désigner cette même qualité d'un discours fondé directement sur des faits.

牟子曰：孔子曰：視其所以，觀其所由，察其所安，人焉廋哉？昔呂望周公問於施政，各知其後所以終。顏淵乘駟之日，見東野畢之馭，知其將敗。子貢觀邾魯之會，[127] 照其所以喪。仲尼聞師曠之絃，而識文王之操。季子聽樂，覽眾國之風，何必足履目見乎？

35. 問曰：僕嘗遊于填[128]之國，數與沙門道人相見。以吾事難之，皆莫對而辭退，多改志而移意。子獨難改革乎？

127. Pingjinguan ajoute un 而.
128. Pingjinguan : 于闐.

MEOU-TSEU : Selon les mots de Confucius, “d’un homme, observe la manière d’agir, examine les motivations, vois où il trouve son bonheur. N’est-ce pas le plus sûr moyen de le connaître[204] ?” Autrefois, Lü Wang et le duc de Zhou se questionnèrent mutuellement sur leur art de gouverner, et chacun tira de cela connaissance de la manière dont finiraient [leurs principautés respectives][205]. Le jour de la montée en quadrige, Yan Yuan vit la manière dont Dongye Bi conduisait son char, et sut comment il allait perdre [son attelage][206]. Zigong observant la rencontre entre les principautés de Zhu et de Lu révéla comment le malheur allait s’abattre [sur Zhu et Lu][207]. Confucius en entendant vibrer les cordes du maître de musique Kuang comprit la conduite du roi Wen[208]. Jizi[209] examina les coutumes des divers pays en écoutant leurs musiques. Pourquoi donc serait-il nécessaire d’avoir foulé du pied et d’avoir vu de ses propres yeux [la terre du Bouddha] ?

TRENTE-CINQUIÈME ARGUMENT

— Je me suis rendu par le passé dans le pays de Khotan[210] et y ai rencontré à de nombreuses reprises des *śramaṇa*. Je me suis attelé à la tâche de les réfuter. Ils n’ont pu répondre et ont préféré prendre congé. Beaucoup se sont réformés et ont changé d’idée. Seriez-vous donc le seul à être si résistant à toute réforme ?

---

204. *Entretiens*, II, 10. Traduction d’Anne Cheng, *op. cit.*, p. 35.

205. Meou-tseu semble ici faire référence à une histoire rapportée dans le *Lüshi Chunqiu* 吕氏春秋, chap. « Zhong dong ji » 仲冬級, ainsi que dans le *Huainan zi* 淮南子, chap. XI.

206. Voir *Xunzi*, chap. XXXI « Ai Gong » 哀公 ; *Hanshi waizhuan* 韓詩外傳, chap. II.

207. Voir *Zuozhuan*, quinzième année du duc Ding.

208. Voir *Hanshi waizhuan,* chap. V.

209. Voir *Zuozhuan*, vingt-neuvième année du duc Xiang.

210. Royaume bouddhiste se situant sur la route de la soie, dans l’actuelle région du Xinjiang, qui fut un temps intégré dans l’empire des Han après sa conquête par le général Ban Chao 班超 (32-102).

牟子曰：輕羽在高遇風則飛，細石在溪得流則轉。唯泰山不為飄風動，磐石不為疾流移。梅李遇霜而落葉，唯松柏之難凋矣。子所見道人，必學未洽見未博，故有屈退耳。以吾之頑且不可窮，況明道者乎！子不自改而欲改人。吾未聞仲尼追盜跖，湯武法桀紂者矣！

36. 問曰：神仙之術，秋冬不食，或入室累旬而不出。可謂憺怕之至也。僕以為可尊而貴。殆佛道之不若乎？

MEOU-TSEU : Lorsque dans les hauteurs les plumes légères rencontrent le vent, elles se mettent à voler. Lorsque dans le lit d'une rivière, les graviers fins rencontrent le courant, ils se mettent à rouler. Seule la montagne Taishan n'est pas ébranlée même par la tornade. Seul le lourd rocher n'est pas déplacé même par les eaux déchaînées. Le prunier et le poirier perdent leurs feuilles lorsque vient le givre, seuls le pin et le cyprès résistent à la flétrissure. Ces hommes de la Voie que vous avez rencontrés n'avaient pas encore atteint une dimension universelle dans leur étude et n'avaient pas étendu suffisamment loin leur vision. Voilà pourquoi ils se sont rangés [à vos arguments] et se sont retirés. J'ai beau être obtus, vous ne pouvez pas venir à bout de moi, que n'en serait-il pas d'un homme comprenant pleinement la Voie ! Vous souhaitez réformer les autres sans prendre la peine de vous réformer vous-même. Je ne crois pas que Confucius ait poursuivi de ses ardeurs le brigand Zhi[211], ni que Tang le Victorieux et le roi Wu se soient mis à l'école des tyrans Jie et Zhou !

TRENTE-SIXIÈME ARGUMENT

— La technique des immortels et des hommes divins consiste à cesser de manger en automne et en hiver, ou bien à s'enfermer dans une pièce sans plus en sortir pendant des semaines[212]. Il s'agit bien d'une forme suprême de détachement, et l'on doit je pense vénérer et priser [cette Voie], au niveau de laquelle n'arrive sûrement pas la Voie du Bouddha !

---

211. Symbole même de la bassesse morale, ce personnage à l'existence historique floue apparaît dans de très nombreux textes comme un contre-exemple, à l'exception cependant du *Zhuangzi*, qui jouant sur l'opposition classique entre Confucius et le brigand Zhi, met précisément en scène ce dernier en train de « faire la morale » au vénérable Maître. Voir *Zhuangzi*, chap. XXIX « Dao Zhi ».

212. Imitant en cela l'hibernation des animaux.

牟子曰：指南為北自謂不惑，以西為東自謂不矇，以鴟梟而笑鳳凰，執蝼蚓而調龜龍。蟬之不食，君子不貴，蛙蟒穴藏，聖人不重。孔子曰：天地之性，人[129]為貴。不聞尊蟬蟒也。然世人固有啖菖蒲而棄桂薑，覆甘露而啜酢漿者矣。毫毛雖小，視之可察。太山之大，背之不見。志有留與不留，意有銳與不銳。魯尊季氏卑仲尼，吳賢宰嚭不肖子胥，子之所疑不亦宜乎？

129. Pingjinguan：以人.

MEOU-TSEU : Vous montrez le sud en prétendant que c'est le nord, et vous pensez ne pas être dans la confusion, vous prenez l'ouest pour l'est et pensez ne pas être dans l'aveuglement ! C'est adopter le point de vue de la tourterelle pour moquer le phénix, prendre [modèle sur] vers et fourmis pour corriger tortues et dragons. L'homme de bien ne prise pas l'abstinence de la cigale, ni n'accorde d'importance à la retraite sous terre des grenouilles et des serpents. D'après Confucius, "parmi les êtres vivants entre ciel et terre, l'homme est le plus noble[213]". Je n'ai pas entendu parler d'une quelconque vénération pour les cigales ou les serpents. Parmi nos contemporains, certains en arrivent en effet à manger des joncs odorants[214] et à rejeter la cannelle et le gingembre, à jeter par terre la liqueur douce et à avaler du vinaigre. Un poil de duvet a beau être minuscule, on finira par en apercevoir le détail à force de l'observer. La montagne Taishan a beau être gigantesque, on ne la verra pas si on lui tourne le dos. Notre détermination se fixe sur un point ou sur un autre. Notre volonté s'aiguise dans une certaine direction plutôt que dans une autre. Le royaume de Lu honorait le chef du clan Ji et méprisait Confucius. Le royaume de Wu considérait comme sage le ministre Pi[215] et ne reconnut pas la valeur de Wu Zixu[216]. La confusion dans laquelle vous êtes est-elle étonnante ?

---

213. Voir *Xiaojing*, chap. « Sheng zhi » 聖治.

214. À propos de cette plante, le *Shuijing zhu* témoigne de son utilisation pour atteindre l'immortalité. Voir Li Daoyuan 酈道元, *Shuijing zhu* 水經注, chap. « Yi shui » 伊水, commentaire de Zhao Yiqing 趙一清 : « Les joncs odorants présentent neuf attaches par pouce, et utilisés en médication font le plus merveilleux effet : si l'on en consomme longtemps, on finit par devenir immortel. » 石上菖蒲，一寸九節，為藥最妙，服久化僊 (voir *Shuijing zhushu* 水經注疏, *op. cit.*, *juan* 15, p. 1356).

215. Ce personnage, dont le nom complet était Bo Pi 伯嚭, était un important ministre de Fuchai 夫差, qui régna sur le pays de Wu 吳 de 495 à 473. Lorsque Fuchai fut tué, au cours du second conflit qui opposa les royaumes de Wu et de Yue越, Bo Pi n'hésita pas à entrer au service du souverain de Yue, Gou Jian 勾踐.

216. Voir sa biographie dans le *Shiji*, *juan* 66, p. 2171-2185. Wu Zixu fut aussi un ministre de Fuchai. En 496, le père de Fuchai fut tué dans le conflit

37. 問曰：道家云：堯、舜、周、孔、七十二弟子，皆不死而仙。佛家云：人皆當死莫能免，何哉？

牟子曰：此妖妄之言，非聖人所語也。老子曰：天地尚不得長久，而況人乎？孔子曰：更去辟世，孝常在[130]。吾覽六藝觀傳記，堯有殂落，舜有蒼梧之山，禹有會稽之陵，伯夷叔齊有首陽之墓。文王不及誅紂而歿。武王不能待成王大而崩。周公有改葬之篇，仲尼有兩楹之夢，伯魚有先父之年，

130. Pingjinguan donne une citation un peu différente : 賢者避世仁孝常在.

TRENTE-SEPTIÈME ARGUMENT

— Les disciples de la Voie disent que Yao, Shun, le duc de Zhou, Confucius et les soixante-douze disciples ne sont pas morts mais sont devenus des immortels. Les disciples du Bouddha en revanche disent que tous les hommes doivent mourir et que c'est inévitable. Pourquoi cela ?

MEOU-TSEU : Ce discours [sur les sages devenus immortels] n'est que bizarrerie absurde, et n'a rien à voir avec les paroles des sages. Ainsi selon Laozi, “le ciel et la terre même ne peuvent durer, *a fortiori* les hommes”. Selon Confucius, “on quitte le monde[217], et la piété filiale reste”. J'ai lu les six Classiques et étudié les commentaires et les mémoires : Yao a sombré dans la mort, Shun est enterré dans la montagne de Cangwu, Yu a son mausolée à Guiji, Boyi et Shuqi[218] ont leur tombe dans le mont Shouyang, le roi Wen disparut avant de pouvoir punir le tyran Zhoù, le roi Wu décéda avant que le roi Cheng [son fils] n'ait atteint l'âge adulte. Il est dit dans un chapitre que la tombe du duc de Zhou fut déplacée, Confucius reçut le rêve des deux piliers[219], Boyu[220] eut un lot de vie tel qu'il précéda son père [dans la tombe], un récit nous raconte

qui faisait rage entre Wu et Yue. Lorsqu'en 493, à l'issue d'une importante victoire militaire, Fuchai rétablit la domination de Wu sur Yue, il en profita pour se lancer dans un autre conflit avec le voisin du Nord, le pays de Chu 楚, repoussant les conseils de Wu Zixu qui préconisait d'écraser complètement le pays de Yue. Lequel en profita en effet pour préparer sa revanche sur le pays de Wu, qu'il écrasa complètement.

217. Ici, Meou-tseu interprète le passage sur ceux qui « s'éloignent du monde » dans les *Entretiens*, comme désignant ceux qui « quittent le monde », qui meurent. Paul Pelliot pour sa part pense que Meou-tseu se fonde sur un autre texte que les *Entretiens*.

218. Voir le dixième argument.

219. Voir *Shiji*, *juan* 47 (« Généalogie de Confucius » 孔子世家), p. 1944 : « Les hommes de la dynastie Yin [étaient enterrés] entre deux piliers. La nuit dernière, j'ai rêvé que j'étais assis entre deux piliers, parce qu'à l'origine je suis un homme de Yin. » 殷人兩柱閒。昨暮予夢坐奠兩柱之閒，予始殷人也。.

220. Fils de Confucius, Boyu, ou Kong Li 孔鯉, mourut en 483 av. J.-C.

子路有葅醢之語，伯牛有命矣[131]之文，曾參有啟足之辭，顏淵有不幸短命之記，苗而不秀之喻。皆著在經典，聖人至言也。吾以經傳為證。世人為驗而云不死[132]，豈不惑哉[133]！

[coda] 問曰：子之所解，誠悉備焉！固非僕等之所聞也。然子所理何以正著三十七條，亦有法乎？

131. Pingjinguan : 亡命.

132. Pingjinguan : 為驗云而不死者.

133. On trouve une variante de ce passage dans le *Beishan lu suihan* 北山錄隨函 de Shi Degui 釋德珪 (*in Mouzi congcan xinbian* 牟子叢殘新編, p. 142-143) : 有仁人問於牟子曰云：道家云堯、舜、周、孔、七十二賢皆不死而登仙，仙 [?] 家言人皆當死莫能免，何哉？牟子曰：此妖妄之言，非聖言也。老子曰：天地不得長久，而況人乎？吾觀傳記，堯有殂落，禹有會稽之陵，伯夷有首陽之基，文王不及誅紂，武崩不待成王，周王有改葬之篇，仲尼有兩楹之夢，伯魚有先父之年，子路有葅醢之語，伯牛有命死之文，曾參有啟足之辭，顏回有不秀之喻，世人云而不死，豈不惑哉！On trouve en outre une autre citation du *Mouzi* sur le même sujet, mais qui est absente des éditions transmises : 或問牟子長生神仙之道，子曰：仁義不修，孝悌不立，奚為長生？甚矣，人之無死也。縱仲尼治廣桑山，乃因前行仁義孝悌忠信之所感也，豈是孔子燒丹服氣之所致乎！

comment Zilu fut réduit en chair à pâté[221]. Il existe un texte sur Boniu [déplorant sa mort ainsi] : “C’est le destin[222] ! ” Zengzi laissa cette expression : “dévoilez mes pieds[223]”. À propos de Yan Hui a été conservé ce propos : “Hélas, que son lot de vie fut bref[224] !” ; et cette métaphore : “Il poussa sans fleurir[225].” Tout cela apparaît clairement dans les Classiques et représente l’expression suprême du sage. Je me fonde sur les Classiques et leurs commentaires. En revanche, vous discourez sur l’immortalité à partir des propos tenus par les gens de notre époque, quelle confusion !

CODA

— Vos explications sont réellement détaillées et complètes, et c’est chose que nous autres n’avions jamais entendue. Pourquoi cependant avez-vous arrangé votre argumentation en trente-sept temps précisément ? Suivez-vous là aussi un modèle ?

---

221. *Shiji*, *juan* 67 (« Biographie des disciples de Confucius » 仲尼弟子列傳), p. 2191-2194. Zilu mourut assassiné au cours des conflits qui secouèrent le royaume de Wei 衛.

222. Voir *Entretiens*, VI, 10. Dans ce passage, Confucius, rendant visite à son disciple gravement malade, déplore le destin d’« un tel homme, atteint d’une telle maladie ». Dans le passage XI, 3, Ran Boniu fait partie des disciples loués pour l’excellence de leur pratique morale, au même titre que Yan Hui ou Min Qian.

223. Voir *Entretiens*, VIII, 3 : Zengzi, disciple qui portait une attention toute particulière à la piété filiale, étant sur le point de mourir, invita ses disciples à dévoiler ses pieds et ses mains, afin de montrer qu’il avait maintenu son corps intègre.

224. Voir *Entretiens*, XI, 7 : à l’occasion d’une question portant sur celui de ses disciples qui aimait le mieux l’étude, Confucius est à nouveau assailli par la perte tragique de Yan Hui et s’exclame : « Hélas, que son lot de vie fut bref ! »

225. Voir *Entretiens*, IX, 22 : dans ce passage, que l’on considère généralement comme une allusion à la perte de Yan Hui, le maître évoque « ceux qui poussent sans fleurir, ceux qui fleurissent sans porter de fruits ».

牟子曰:夫轉蓬漂而車輪成,窊木流而舟楫設,蜘蛛布而罻羅陳,鳥跡見而文字作。故有法成易,無法成難。吾覽佛經之要,有三十七品,老氏道經亦三十七篇。故法之焉。

於是惑人聞之,踧然失色,叉手避席逡巡俯伏曰:鄙人矇瞽生於幽仄,敢出愚言不慮禍福。今也聞命霍如蕩雪,請得革情洒心自敕,願受五戒作優婆塞。

Meou-tseu : La roue de char fut créée [en regardant] tournoyer chatons de fleurs et lentilles d'eau. Le bateau à rame fut inventé [en observant] les bois creux flotter au fil de l'eau. Le filet fut étendu [en s'inspirant] de l'araignée tissant sa toile. L'écriture apparut [en s'inspirant] des traces laissées par les pattes des oiseaux. Ainsi tout devient aisé lorsque l'on suit un modèle, et tout devient difficile en son absence. J'ai examiné l'essentiel des *Sūtra* du Bouddha, et y ai trouvé les trente-sept *bodhipakṣikā*[226]. Le Classique de la Voie de Laozi est construit aussi en trente-sept versets[227]. Voilà mes modèles. »

À ce moment, l'homme qui était dans la confusion, entendant cela, perdit soudain contenance. Croisant les mains et déplaçant sa natte, il recula et dit en se prosternant : « Votre serviteur vivait en aveugle dans un sombre recoin, et s'est permis de proférer des paroles stupides sans réfléchir à leurs conséquences heureuses ou malheureuses. À présent, j'ai entendu la voix du destin, et [l'obscurité] se dissipe aussi brutalement que de la neige jetée dans l'eau bouillante. Je souhaite désormais réformer mes sentiments, purifier mon cœur et régler mon existence. Mon vœu est de recevoir les cinq interdits[228] et de devenir un *upāsaka*[229]. »

---

226. Éléments ou auxiliaires pour parvenir à l'éveil (*sanshiqi daopin* 三十七道品).

227. Cela ne correspond pas au texte transmis du *Laozi* en quatre-vingt-un versets, qui suit l'arrangement du texte d'après le commentaire de Heshang Gong. Selon Sun Yirang, « Meou-tseu Lihuo lun shu hou », dans *Sishi'er zhang jing yu Meou-tseu Lihuo lun kaobian*, *op. cit.*, p. 97-98, le *Meou-tseu* vient ici confirmer qu'à l'époque des Han, le *Laozi* circulait dans une version en trente-sept versets. Dans le chapitre bibliographique du *Hanshu* est d'ailleurs mentionnée l'existence d'un commentaire par le sieur Fu en trente-sept versets : 老子傅氏經說三十七篇 (*Hanshu*, *juan* 30, p. 1729).

228. Voir notes 27 et 32, p. 9-10.

229. Un pratiquant laïc.

Mouzi dit : « La roue de char fut créée [en regardant] tournoyer chatons de fleurs et lentilles d'eau. Le bateau à rame fut inventé [en observant] les bois creux flotter au fil de l'eau. Le filet fut étendu [en s'inspirant] de l'araignée tissant sa toile. L'écriture apparut [en s'inspirant] des traces laissées par les pattes des oiseaux. Ainsi tout devient aisé lorsque l'on suit un modèle, et tout devient difficile en son absence. J'ai examiné l'essentiel des *sūtra* du Bouddha, et y ai trouvé les trente-sept *bodhipakṣika*[226]. Le Classique de la Voie et de la Vertu est construit aussi en trente-sept versets[227]. Voilà mes modèles. »

À ce moment, l'homme qui était dans la confusion, entendant cela, perdit soudain contenance. Croisant les mains et déplaçant sa natte, il recula et dit en se prosternant : « Votre serviteur vivait en aveugle dans un sombre recoin, et s'est permis de proférer des paroles stupides sans réfléchir à leurs conséquences heureuses ou malheureuses. Aujourd'hui, j'ai entendu la voix du destin, et [l'obscurité] se dissipe aussi brusquement que de la neige jetée dans l'eau bouillante. Je souhaite désormais réformer mes sentiments, purifier mon cœur et régler mon existence. Mon vœu est de recevoir les cinq interdits[228] et de devenir un *upāsaka*[229]. »

226. Éléments [illegible] pour parvenir à l'Éveil [illegible] et l'Éveil.

227. Cela ne correspond pas au texte actuel du *Laozi* en quatre-vingt-un versets qui suit l'arrangement du texte d'après le commentaire de Heshang Gong. Selon [illegible], Mouzi [illegible] dans *Shūkyō* [illegible], *op. cit.*, p. 97-98, le *Mouzi* [illegible] permet d'affirmer qu'à l'époque des Han, le *Laozi* circulait dans une version en trente-sept versets. Dans le chapitre bibliographique du *Hanshu* est d'ailleurs mentionnée l'existence d'un commentaire par le sieur [illegible] en trente-sept [illegible]. 漢書 *Hanshu*, juan 30, p. 1729.

228. Voir notes 2 et 17, p. 9-10.

229. Un pratiquant laïc.

INDEX DES NOMS PROPRES

INDEX DES NOTIONS

TABLE DES MATIÈRES

Ce volume,
le vingt-cinquième de la collection
« Bibliothèque Chinoise »,
publié aux Éditions Les Belles Lettres,
a été achevé d'imprimer en septembre 2017
sur les presses de
la Nouvelle Imprimerie Laballery,
58500 Clamecy

Dépôt légal : octobre 2017
N° d'édition : 8738 - N° d'impression : 709106